DEUTSCHLAND
Ein neuer Anfang

DEUTSCHLAND
Ein neuer Anfang
A German Cultural Reader
for Intermediate Students

Harry A. Walbruck
Professor Emeritus of German
University of Wisconsin
Parkside, Kenosha

in cooperation with
Rita Walbruck
Foreign Language Specialist

Research Assistance:
Joan Tessman and George A. von Iherig

National Textbook Company
NTC a division of *NTC Publishing Group* • Lincolnwood, Illinois USA

Acknowledgments

For making available the illustrations used
in this book, we thank the following agencies:

Deutsche Zentrale für Fremdenverkehr
German Information Center
German Tourist Information
Goethe Institut
Inter Nationes (IN-Bild)
IN-Press

1994 Printing

Published by National Textbook Company, a division of NTC Publishing Group.
©1992 by NTC Publishing Group, 4255 West Touhy Avenue,
Lincolnwood (Chicago), Illinois 60646-1975 U.S.A.
Manufactured in the United States of America.

3 4 5 6 7 8 9 ML 9 8 7 6 5 4 3

Contents

Foreword

It took Germany 45 years to reunite after the division that resulted from World War II. *Deutschland: Ein neuer Anfang* presents an up-to-date overview of German culture and civilization as it is today in the last decade of the 20th century. It is suitable for use at any level of German study once students have acquired the ability to read and enjoy informative prose. It features contemporary language used by Germans all over the country and in the other German-speaking areas of Europe.

To help communicate a genuine understanding of what Germany was and is, dozens of incisive photos illustrate this book. A map and brief sketches of the country's principal cities and *Länder* give an appreciation of Germany's geographical make-up. A historical survey of the German experience from its beginnings to the present then follows. In the course of this survey, the reader becomes acquainted with German literature, music, philosophy, and art, as well as with the political, scientific, and technological events that have made Germany what it is today. Particular attention has been given to the lifestyles and views of Germany's current generation of young people.

Deutschland: Ein neuer Anfang may appropriately be used either for classroom presentation or for individual study. The *Fragen* at the end of each unit-sketch serve as a convenient reading-comprehension check or as review. The book's contents can be tailored to meet the needs of a variety of course formats. Each unit may be used as a springboard for writing or vocabulary practice, discussion in German, or as a spur to doing further reading on topics of interest to individual students.

I

Deutschland

Ein neuer Anfang

Die Bundesrepublik Deutschland.

I

Deutschland

Ein neuer Anfang

Die Geschichte einer Mauer

„Zuerst glaubte ich meinen Augen nicht", sagte Jim. Es war im frühen Winter 1989, als wir uns nach seiner Rückkehr von Berlin wieder sahen, wo er im November die Zerstörung der Mauer am Brandenburger Tor° gesehen hatte. „Aber was ich da sah, war Tatsache—die jubelnden Massen° auf beiden Seiten und die jungen Leute, die Stücke° aus der Mauer brachen . . . Es war mehr als das Ende der Trennung von Ost- und Westberlin. Es war der Anfang der Wiedervereinigung° Deutschlands!"

Wie lange hatte die Mauer in Berlin existiert? Am 13. August 1961 hatte das kommunistische Ostregime° mit ihrer Errichtung begonnen, um—wie gesagt wurde— Ostberlin vor den „imperialistischen Einflüssen° des Westens" zu schützen.° In Wirklichkeit waren aber in den zwölf Jahren von 1949 bis 1961 rund 3½ Millionen Ostdeutsche in den Westen geflohen, um politische Freiheit zu finden. Zweihundert und eine Person verloren ihr Leben in dem Versuch,° über die Mauer zu klettern.°

Tor *(n)* „Gate" (architectural monument separating West from East Berlin)
Massen *(f pl)* masses of people
Stück *(n)* piece
Wiedervereinigung *(f)* reunification
Ostregime *(n)* Eastern regime
Einfluss *(m)* influence
schützen protect

Versuch *(m)* attempt
klettern climb

1

Links: Westberlin, Strassencafé am Kuhdamm.
Rechts: Vor der „Schandmauer".

„Herr Gorbachew, öffnen Sie dieses Tor!" Diesen Satz sagte Präsident Reagan 1987 während seines Deutschland-Besuches vor dem Brandenburger Tor. Als es zwei Jahre später geöffnet war, nannte Präsident Bush die folgende deutsche Wiedervereinigung das „Ende des Konflikts zwischen Osten und Westen." Amerika sei stolz darauf, fuhr er fort,° zu den Freunden und Alliierten des freien Deutschlands zu gehören.

fortfahren continue

Die Berliner Mauer hatte über 10 315 Tage lang existiert. 4 400 Mal war in dieser Zeit auf Flüchtlinge geschossen worden, und hunderte Minen waren explodiert. Sie lief quer durch Berlin von Osten nach Westen, war 45 Kilometer lang und hatte 22 kontrollierte Grenzübergänge,° die am 1. Dezember 1989 alle geöffnet wurden.

Grenzübergang *(m)* border checkpoint

Fragen

1. Wann wurde die Berliner Mauer zerstört?

2. Wovon war es der Anfang?

3. Wieviele Tage hat die Mauer existiert?

4. Wie lang war sie?

5. Wie nannte Präsident Bush die Wiedervereinigung?

Auch die Lange Grenze Fiel

Drei Wochen nach der Zerstörung der Berliner Mauer
begannen frühere ostdeutsche Soldaten auch den Stachel-
draht° an der Grenze zwischen Ost- und Westdeutschland abzureissen.° Die von Nord nach Süd laufende „Gefängnismauer"° war 13 781 Kilometer lang gewesen und
hatte 43 Jahre die beiden deutschen Staaten getrennt.

    Als am 2. Oktober 1990 Deutschland zu einer vereinten
und souveränen° Nation erklärt wurde, läutete° in Berlin
die „Freiheitsglocke", ein Geschenk° der U.S.A. „Heute
beginnt eine neue Zeit", sagte Eberhard Diepgen, der
frühere Regierende Bürgermeister von Berlin zum Jubel
der Bevölkerung.

    Eine gemeinsame Lebensart für die früher getrennten
zwei Staaten zu finden war nur eines von den vielen
neuen Problemen, die noch heute nicht alle gelöst sind.

Stacheldraht *(m)*
  barbed wire
abreissen tear
  down
Gefängnismauer
  (f) prison wall

souverän sovereign
läuten ring
Geschenk *(n)* gift

Demonstration in Leipzig.

Von 100 Haushalten hatten zum Beispiel 97 ein Telefon im Westen, aber nur 16 im Osten, 95 gegen 50 ein Auto, 91 gegen 47 einen Farbfernseher.

Immer schon hat man Deutschland das „Land der Mitte" genannt, weil es im Herzen von Europa liegt. Daher hat es auch mehr Nachbarn als irgendein anderes Land. Die Nachbarn Westdeutschlands sind Dänemark,° Holland, Belgien, Luxemburg, Frankreich,° die Schweiz, Österreich° und die Tschechoslowakei; dazu hat es auf seiner östlichen Seite noch Polen zum Nachbarn, mit dem ein neuer Grenzvertrag° gemacht wurde.

In der Wahl zum Deutschen Bundestag° gewann die C.D.U. (Christlich Demokratische Union) mit 36,7% und wurde damit die Regierungspartei mit Helmut Kohl als Bundeskanzler,° während die S.P.D. (Sozial-Demokratische Partei Deutschlands) mit 33,5% an zweite Stelle kam.

Dänemark (n)
Denmark
Frankreich (n)
France
Österreich (n)
Austria
Grenzvertrag (m)
border treaty
Bundestag (m)
Federal Diet,
Parliament
Bundeskanzler (m)
Federal Chancellor

Flucht aus dem Osten.

Die Wachttürme verschwinden.

Fragen

1. Wann begannen ostdeutsche Soldaten an der Grenze den Stacheldraht abzureissen?
2. Was war die „Freiheitsglocke" in Berlin?
3. Wie lang war die „Gefängnismauer" gewesen?

Die Alten Bundesländer°

Bundesland (n)
Federal state

Bremen ist das kleinste der Bundesländer und Bayern das grösste. Der Zahl seiner Einwohner nach ist Nordrhein-Westfalen das grösste der Länder.

Geographisch befindet sich **Bremen** (0,66 Millionen Einwohner) in **Niedersachsen** und **Hamburg** (1,6 Millionen Einwohner) in **Schleswig-Holstein.** Beide Städte waren im Mittelalter als Mitglieder der Hanse° bedeutende Handelsstädte.°

Hanse (f) League of the Hansa
Handelsstadt (f) city of commerce

Marktplatz in Bremen mit Rathaus und Dom.

Niedersachsen ist 47 344 km² gross und hat 7,2 Millionen Einwohner. Es ist ein „junges Land mit altem Namen", weil es 1946 aus anderen früheren Landesteilen neu gebildet wurde. Seine Hauptstadt ist Hannover, Sitz einer modernen und weltberühmten° Technischen Hochschule. Göttingen dagegen hat sich den Ruf° einer der ältesten und besten deutschen Universitäten erworben.°

Schleswig-Holstein, das Kiel zur Hauptstadt hat, ist das nördlichste der Länder. Zwischen Elbe, Nord- und Ostsee gelegen, ist es die Brücke zu Dänemark und den skandinavischen Staaten. Die frühere preussische Provinz ist wirtschaftlich auf Schiffahrt und die Verarbeitung von Rohstoffen° orientiert. Der Kieler Universität ist ein Institut für Weltwirtschaft angegliedert.° Schleswig-Holstein hat 2,6 Millionen Einwohner und ist 15 729 km² gross.

Hessen hat eine Fläche° von 21 114 km² und wird vom Main durchflossen, der als Trennungslinie° zwischen Nord und Süd oft Deutschlands „Mason-Dixon-Line" genannt worden ist. Seine Hauptstadt ist Wiesbaden. Es hat

weltberühmt world famous
Ruf *(m)* reputation
erwerben acquire

Rohstoff *(n)* raw material
angliedern attach

Fläche *(f)* area
Trennungslinie *(f)* line of separation

eine Bevölkerung von 5,6 Millionen, gutes Bauernland und viele Heilbäder.° Frankfurt, mit seinem grossen Rhein-Main-Flughafen,° ist die wirtschaftliche Metropole des Landes.

Heilbad (n) spa
Flughafen (m) airport

Nordrhein-Westfalen ist 34 070 km² gross und hat über 16,9 Millionen Einwohner. Mit Düsseldorf als Hauptstadt ist es Europas bedeutendstes Industriegebiet.° Sein Kohlenbergbau° und seine Eisenindustrie, besonders im Ruhrgebiet,° basieren auf guten Transportwegen zu Wasser und zu Lande. Nordrhein-Westfalen allein produziert die meisten Exportgüter° aller Bundesländer.

Industriegebiet (n) industrial region
Kohlenbergbau (m) coal mining
Ruhrgebiet (n) Ruhr region
Exportgüter (pl) export goods

Drei Nachbarstaaten grenzen an **Rheinland-Pfalz:** Frankreich, Belgien und Luxemburg. Seine Hauptstadt ist Mainz. Das Land produziert über 75% des deutschen Weinbaus.° Ausser seiner Schwerindustrie° im Siegtal ist es vor allem durch seine Heilbäder bekannt. Seine Bevölkerung von 3,7 Millionen lebt auf einer 19 849 km² grossen Fläche.

Weinbau (m) wine-growing
Schwerindustrie (f) heavy industry

Das **Saarland,** das nach dem Zweiten Weltkriege wirtschaftlich an Frankreich angegliedert° war, kehrte 1957 aufgrund einer Volksabstimmung° wieder zu Deutschland zurück. Saarbrücken ist seine Hauptstadt. Fast ein Drittel seiner Bewohner ist im Kohlenbergbau und in der Eisenindustrie beschäftigt. Es hat eine 1,1 Millionen starke Bevölkerung und ist 2 570 km² gross.

angliedern attach
Volksabstimmung (f) plebiscite

Baden-Württemberg entstand 1952 aus Baden, Württemberg-Baden und Württemberg-Hohenzollern. Es ist ein Teil des früheren Herzogtums° Schwaben mit Stuttgart als Hauptstadt. Seine Industrie zeichnet sich durch grosse Mannigfaltigkeit° aus. Daneben gibt es viele Kleinbauernhöfe° im Lande, das für seine reizvolle Naturschönheit,° besonders im Schwarzwald,° bekannt ist. Es ist 35 751 km² gross und hat 9,4 Millionen Einwohner.

Herzogtum (n) dukedom
Mannigfaltigkeit (f) variety
Kleinbauernhof (m) small farm
Naturschönheit (f) scenic beauty
Schwarzwald (m) Black Forest

Bayern, das südlichste der Länder, war auch ein altes Herzogtum. 1945/46 wurde die Pfalz von Bayern abgetrennt. Das Land hat eine bedeutende Elektro-Industrie. Infolge seiner reichen Kulturschätze und Naturschönheit zieht Bayern alljährlich° die meisten Touristen aus dem In- und Ausland° an. München, seine Hauptstadt, wurde deshalb oft auch Deutschlands „heimliche"° Hauptstadt genannt. Es hat 11 Millionen Einwohner und eine Grösse von 70 555 km².

alljährlich every year
aus dem In- und Ausland- from other parts of the country and from abroad
heimlich secret

Der Marktplatz in Bonn mit Rathaus.

Die Neuen Bundesl....

S... ...s Bundeslän-
...nburg, Sachsen, Sachsen-
...gen, Brandenburg und Berlin. **Mecklen-
burg** ist 22 500 Quadratkilometer gross und hat 2,1 Millionen Einwohner. Seine Hauptstadt ist Schwerin, weitere
grössere Städte sind Rostock, Wismar und Neubranden-
burg. Seine Hauptindustrien sind Schiffbau und Ostsee-
Tourismus.

Sachsen hat 17 000 km² und eine Bevölkerung von 4,9
Millionen. Das historische Dresden ist seine Hauptstadt,
die gegen Ende des Krieges 1945 in einer einzigen Nacht
fast total durch Feuerbomben zerstört wurde. Leipzig hat
eine alte Universität, während Chemnitz und Zwickau
grosse Industriestädte sind.

Das benachbarte **Sachsen-Anhalt** mit Magdeburg,
Halle und Dessau ist das Zentrum der Chemischen Indu-

Der Schloss Sanssouci in Potsdam.

strie. Seine 3 Millionen Einwohner leben auf einer Gesamtfläche° von 25 000 km². Es war in Torgau an der Elbe, wo sich 1945, sowjetische und alliierte westliche Truppen zum ersten Male begegneten, was zu Hitlers Niederlage führte.

Gesamtfläche (f) total area

Thüringen ist oft das grüne Herz von Deutschland genannt worden, weil es viele waldreiche Gebirge° hat. Es hat ein Gebiet von 15 209 km² und 2,5 Millionen Einwohner. Seine Hauptstadt ist Erfurt. Die Gründungstagung° der ersten deutschen Republik, der sogenannten „Weimarer Republik", war 1919 in Weimar, wo einst auch Goethe und Schiller lebten.

Gebirge (n) mountain ranges

Gründungstagung (f) founding convention

Brandenburgs bekannteste Städte sind Potsdam, Cottbus, Brandenburg und Frankfurt/Oder. In seinem 26 000 km² grossen Gebiet leben 2,7 Millionen. Es wurde der mächtigste deutsche Staat unter Friedrich dem Grossen (1740–86), denn seine Geschichte hatte sich nach dem 30-jährigen Krieg mit der von Preussen verbunden.

Berlin, die frühere deutsche Reichshauptstadt, hat seit der Wieder-Vereinigung über 3,5 Millionen Einwohner. Auf seiner Gesamtfläche von 70 000 km² ist jede 8. Person Ausländer, weil es viele Asylanten aufgenommen hat. Auch die Zahl seiner Gastarbeiter° ist gross. Die grosse Zahl von Umsiedlern° aus Ostdeutschland hat auch zum Wachsen der Bevölkerungszahl beigetragen.

Gastarbeiter (m) foreign worker

Umsiedler (m) resettler

Die Gesamtzahl der Bevölkerung von Deutschland ist jetzt 78,5 Millionen und seine Gesamtfläche ist 375 050 km². Ganz Deutschland ist Mitglied der NATO.

Fragen

1. Wie viele Bundesländer existierten in Westdeutschland vor der Vereinigung?

2. Welches war die Gesamtzahl der Bundesländer nach der Vereinigung?

3. Welches Bundesland ist das grösste und welches ist das kleinste?

4. Welches der Bundesländer hat die grösste und welches hat die kleinste Einwohnerzahl?

5. Was hat auch zum Wachsen der Bevölkerung von Berlin beigetragen?

Strand der Insel Rügen an der Ostsee in Mecklenburg.

Vom Tiefland° zu den Alpen

Flaches Tiefland zeichnet den Norden Deutschlands aus, wogegen sein mittleres Gebiet hügelig und bewaldet° ist. Je weiter man in nach Süden geht, umso höher werden die Berge. Die Alpen sind Deutschlands höchstes Gebirge.

Von den Küsten der Nord- und Ostsee aus dehnen sich oft von kleinen Seen unterbrochen Felder, Moorland° und Heideland° südwärts. Dies ist die Norddeutsche Tiefebene. In ihrem Westen herrscht ein gemässigtes Klima,° das weder heisse Sommer noch sehr kalte Winter erzeugt.

Zur Mittelgebirgszone° gehören der Teutoburger Wald, das Rheinische Schiefergebirge,° der Hunsrück, der Taunus, der Bayerische Wald, der Harz, der Thüringer Wald und das Erzgebirge. Die höchste Erhebung in diesem Gebiet liegt im südwestlichen Schwarzwald, wo der Feldberg fast 1 500 Meter erreicht.

Der höchste Berg im deutschen Teil der Alpen ist die Zugspitze mit 2 964 Metern. Hier im gebirgigen Süden

Tiefland *(n)* lowlands

bewaldet wooded

Moorland *(n)* marshy land
Heideland *(n)* heath
Klima *(n)* climate

Mittelgebirgszone *(f)* Midland Hill Region
Schiefergebirge *(n)* slate mountains

Skifahrer beim Wedeln am „Arlberg".

gibt es kältere Winter und wärmere Sommer als im Norden, aber die Temperaturen sind fast nie extrem.

Deutschlands grössere Flüsse, wie der Rhein, die Oder und die Elbe, fliessen alle in süd-nördlicher Richtung.° Eine Ausnahme° macht die Donau; sie läuft vom Westen nach Osten.

Richtung *(f)* direction
Ausnahme *(f)* exception

Trotz seiner Industrialisierung ist Deutschland noch ein waldreiches Land. Allein im Westen des Landes besteht noch ein Drittel der Gesamtfläche° aus Wald.

Gesamtfläche *(f)* total area

Fragen

1. Was dehnt sich von den Küsten der Nord- und Ostsee südwärts aus?

2. Was für ein Klima herrscht im Westen der Norddeutschen Tiefebene?

3. Welche Gebirge gehören zur Mittelgebirgszone?

4. Welches ist der höchste Berg im deutschen Teil der Alpen?

5. In welcher Richtung fliessen die meisten von Deutschlands grösseren Flüssen?

Alt und neu in Berlin. Im Vordergrund stehen die Kaiser-Wilhelm-
Gedächtnis-Kirche und das neue Europa-Center.

Typische Deutsche Städte

Die meisten der deutschen Städte haben sich im Mittelalter aus früheren germanischen Siedlungen° entwickelt. **Siedlung** (f)
Manche ihrer Namen lassen erkennen, dass sie um eine   settlement
Burg herum entstanden sind, z.B. Hamburg, Freiburg
und Duisburg. Andere, die auf -berg enden, wie Heidel-
berg, Friedberg, Altenberg, zeigen ihren Ursprung als
Bergsiedlung an.

Von der Zeit Karls des Grossen, im späteren 8. Jahrhundert, bis um etwa 900 gab es schon etwa 40 Städte im
deutschen Reichsgebiet. Gegen Ende des Mittelalters war
ihre Zahl auf über 3 000 angewachsen. Später wuchsen
alle diese Städte über ihre alten Stadtmauern hinaus, die
bei ihrer Gründung der Verteidigung° gedient hatten.   **Verteidigung** (f)
                                                         defense
Kriege und andere Zerstörungen haben das Gesicht der
deutschen Städte bis in die Neuzeit hinein oft gewandelt.°   **wandeln** change
Besonders die Grosstädte des Westens haben ihre grössten
Veränderungen nach dem Zweiten Weltkrieg erfahren.

Berlin, früher von 4,5 Millionen bewohnt, hat heute

Seit 700 Jahren ist die Hansestadt Hamburg einer der geschäftigsten Häfen der Welt.

insgesamt 3,5 Millionen Einwohner. West-Berlin war ein Schauplatz° der westlichen Welt geworden. Seine modernen Neubauten—Theater, Geschäfts- und Wohnhäuser—bildeten einen scharfen Gegensatz zu Ost-Berlin, dessen Wiederaufbau von einem langsameren Tempo bestimmt war. Berlin, mit dem nahen Potsdam, war nicht nur der Sitz aller preussischen und deutschen Machthaber bis zur Nazizeit, es ist auch heute noch der Mittelpunkt des deutschen Kulturlebens. In West-Berlin allein gibt es 16 Museen, 16 Theater und mehrere Konzerthallen, die 1948 gegründete „Freie Universität" und in Ost-Berlin die „Humboldt-Universität". Zu den berühmtesten „Berlinern" gehört—nach eigener Definition—auch John F. Kennedy, der sich 1963 durch seinen historischen Ausspruch° „Ich bin ein Berliner" zum Prinzip der Freiheit bekannte.

Schauplatz (m) showplace

Ausspruch (m) saying

Die freie Hansestadt **Hamburg** ist wie Bremen eins der Bundesländer. Als „Tor zur Welt" an der Mündung° der Elbe gelegen, ist die Stadt nicht nur ein grosser Seehafen, sondern auch ein Zentrum des Schiffsbaus und zahlreicher Maschinen- und chemischer Industrien. Im Laufe ihrer Geschichte wurde die Stadt zehnmal zerstört und

Mündung (f) river mouth

wieder aufgebaut, was ihren starken Lebensmut be-
zeugt.°

München, die bayerische Metropole, ist durch ihre
traditionelle „Gemütlichkeit", ihr „Oktoberfest" und ihren „Fasching" in aller Welt bekannt geworden. 1972 fand
hier auch die Olympiade statt.° Von Mönchen° gegründet
ist der Name von „Monachium" abgeleitet.° Seine prächtige Architektur, seine vielen Theater, Kirchen und Museen—vor allem die zweitürmige Frauenkirche, das
Bayerische Nationalmuseum und die Alte Pinakothek—
haben München zu einer Kunststadt ersten Ranges gemacht.

Köln, das von den Römern gegründete frühere „Colo-
nia", ist mit seinen 750 000 Einwohnern am Rhein gelegen.° Sein Dom ist eines der grossartigsten Monumente
gotischer Baukunst, das auch den Zweiten Weltkrieg
überlebt hat. Heute ist Köln wieder ein geschäftiger° Ver-
kehrsmittelpunkt und Binnenhafen. Zu seinen bedeutendsten Produkten zählen ausser dem berühmten „4711"
(Kölnisch Wasser) Eisen und Stahl, Maschinerie und Tex-
tilien. Ausserdem gilt die Stadt wie früher als Zentrum
des rheinischen Karnevals,° der alljährlich Tausende von
Besuchern in ihre Mauern lockt.

Auch Frankfurt am Main ist eine historische und
gleichzeitig moderne Grosstadt von 700 000 Einwohnern.

bezeugen witness, testify to

stattfinden take place
Mönch (m) monk
ableiten derive

gelegen located

geschäftig busy

Karneval (m) carnival

Die bayrische Hauptstadt München ist berühmt in aller Welt wegen
des Münchner Biers. Zum Oktoberfest sieht man viele schöne
Bierwagen, wie z.B. diesen Löwenbräu Wagen.

Das Händel-Denkmal in Halle.

An der Mainlinie zwischen Nord und Süd gelegen, ist es bereits seit dem 16. Jahrhundert für seine internationalen Messen° bekannt und auch heute eines der grössten Indu- **Messe** *(f)* trade fair strie- und Handelszentren Europas. Historische Wahrzei- chen° der Stadt sind der „Römer" mit dem Kaisersaal, die **Wahrzeichen** *(n)* Pauluskirche und das Geburtshaus des grössten deut- symbol schen Dichters, Goethe.

Es gibt viele andere berühmte Städte in Deutschland, die sich durch ihre besondere Eigenart° oder Geschichte **Eigenart** *(f)* auszeichnen. **Bonn,** die frühere Hauptstadt der westdeut- individualism schen Bundesrepublik, galt schon immer als die roman- tischste Universitätsstadt am Rhein. Mittelalterliche Städte wie **Nürnberg,** in der Hans Sachs lebte, **Dinkels- bühl** und **Rothenburg ob der Tauber** haben ihren individuellen Charakter durch die Jahrhunderte bewahrt, und auch solch landschaftlich reizvolle° Orte wie **reizvoll** charming **Garmisch-Partenkirchen** und **Berchtesgaden** ziehen immer wieder Touristen von nah und fern an.

Zu den bekanntesten Städten der 6 neuen Bundesländer zählen **Dresden,** die alte Kunststadt, deren Porzellan weltberühmt ist und die seit ihrer Zerstörung im Krieg zum grossen Teil wieder aufgebaut worden ist. Sein Philharmonisches Orchester und seine Semper-Oper ziehen Musikfreunde aus der ganzen Welt an, und seine industriellen Erzeugnisse sind durch ihre hohe Qualität bekannt.

Leipzig verdankt seinen internationalen Ruf seiner jährlichen Handelsmesse° und vielen technischen Erzeugnissen. Seine berühmte Universität war schon vom jungen Goethe besucht worden, und Johann Sebastian Bach war Organist an seiner Thomas-Kirche. Ausser seinen vielen Museen ist das Völkerschlacht-Denkmal° am bekanntesten.

Halle hat die grösste Industrie-Produktion in den neuen Bundesländern, in der chemische Erzeugnisse an erster Stelle stehen. Das nahe gelegene **Wolfen** hat eine grosse Filmfabrik. Wie **Dessau** produziert die Stadt auch Eisenbahnwagen° und andere Transportmittel. Für seine Arbeiter hat Halle 83 natürliche Erholungs-Zentren.

Auch **Gera** stellt technische Fabrikate her, besonders Maschinen für die Elektro-Industrie. Wie in den benachbarten Städten **Saalfeld** und **Zeulenroda** werden in Gera auch Drucksachen,° Möbel und Haushaltsgüter° erzeugt. Die ganze Gegend ist von Wäldern umgeben, die auch von Touristen besucht werden.

Schwerin hat eine grosse Holzindustrie, die Produkte für Schiffbau, Wohnungen und Haushalte herstellt. Sein altes Schloss am See ist ein beliebter Ausflugsort.° Auch Städte wie **Rostock** und **Wismar** sind beliebte mecklenburgische Erholungsplätze.

Potsdam ist seit dem Zweiten Weltkrieg wieder eine Touristen-Attraktion geworden, weil hier die Alliierten ihre berühmte Konferenz über das Schicksal° Deutschlands hatten. Schlösser der preussischen Könige sind noch als Museen erhalten. Die Stadt selbst ist das Heim mehrerer Fabriken für Haushalt-Artikel und Spielzeuge.°

Handelsmesse *(f)* trade fair

Völkerschlacht-Denkmal *(n)* Battle of the Nations Monument

Eisenbahnwagen *(m)* railroad car

Drucksache *(f)* printed matter
Haushaltsgut *(n)* household product

Ausflugsort *(m)* tourist attraction

Schicksal *(n)* fate

Spielzeug *(n)* toy

Fragen

1. Welche Stadt ist noch heute der Mittelpunkt des deutschen Kulturlebens?

2. Wodurch ist München bekannt geworden?

3. Welche Stadt am Main ist für ihre Messen bekannt?

4. Welche berühmte Universität hat schon Goethe besucht?

5. Wo fand die berühmte Konferenz über Deutschland statt?

Ein Junges Volk

Und nun wollen wir die Leute betrachten, die im Herzen von Europa leben. Es ist das Volk der Deutschen. Die Art und Weise, in der ein Volk lebt, nennt man seine Lebensart,° Kultur oder Zivilisation. Also schauen wir uns im folgenden die Lebensart der Deutschen näher an.

    Zuerst muss einmal geklärt werden, was ein Deutscher ist. Darauf kann es verschiedene Antworten geben, wovon die einfachste die ist, dass er ein Einwohner Deutschlands ist.

    Aber es gibt eine ganze Menge verschiedener Leute, die in Deutschland leben. Ein Hamburger, zum Beispiel, sieht anders aus als ein Mann aus Bayern. Die Norddeutschen sprechen und benehmen sich° auch ganz anders als die Süddeutschen. Und zwischen den Ost- und den Westdeutschen gibt es auch grosse Unterschiede.

    Tatsache ist, dass kein anderes Volk in Europa so in sich verschieden ist wie das Volk der Deutschen. Es wurde sogar behauptet, dass die über rund 250 Millionen Amerikaner mit ihrer unterschiedlichen Herkunft° einander ähnlicher sind als die Deutschen.

    Gemeinsam ist allen Deutschen, dass sie ein Teil der westlichen Völkerfamilie° sind. Als gemeinsame Nation besteht ihr Staat aber erst seit einem Jahrhundert, weil er erst 1871 aus vielen kleinen Einzelstaaten° vereinigt wurde. (Ein ähnliches Schicksal hatten übrigens auch die Italiener, die ebenfalls erst im 19. Jahrhundert vereinigt wurden.)

    Um die Kultur und Lebensart der Deutschen von heute zu verstehen, müssen wir zuerst einen Blick auf ihre Geschichte werfen. Dies wird uns beweisen, dass die Deutschen trotz ihres historischen Alters ein junges Volk sind.

Lebensart (f) way of life

sich benehmen act, behave

Herkunft (f) descent

Völkerfamilie (f) family of peoples

Einzelstaaten (m) individual state

Fragen

1. Wie nennt man die Art und Weise, in der ein Volk lebt?

2. Was ist die einfachste Antwort darauf, was ein Deutscher ist?

3. Was tun die Norddeutschen im Vergleich zu den Süddeutschen?

4. Was sind die Amerikaner im Vergleich zu den Deutschen?

5. Was ist allen Deutschen gemeinsam?

Kinder ausländischer und deutscher Arbeitnehmer beim Verkehrsunterricht.

Aus dem 12. Jahrhundert stammt dieser Bronzekopf aus Aachen.

II

Deutschlands ungewöhnliche Geschichte

Deutschland, das durch sein natürliches und historisches Geschick° zum Herzen Europas wurde, hat eine ungewöhnliche° Geschichte.

Geschick *(n)* fate
ungewöhnlich unusual

Kein anderes Volk wurde in einer Epoche so bewundert und in einer anderen Epoche so gehasst wie seine Bevölkerung, die Deutschen. Sie mussten Krisen,° Tragödien und Katastrophen ertragen, zeigten aber immer wieder eine erstaunliche Fähigkeit,° sich davon zu erholen. Sie brachten grosse Männer wie Johann Sebastian Bach, Immanuel Kant und Johann Wolfgang von Goethe hervor. In Krisenzeiten konnte aber auch ein Mann wie Hitler an die Macht gelangen.° Oft, wenn die Deutschen voneinander getrennt waren, erstrebten sie ihre Vereinigung;° oft aber, wenn sie vereinigt waren, geschah es auch, dass sie Gründe für eine Trennung° suchten.

Krise *(f)* crisis

Fähigkeit *(f)* capability

gelangen arrive
Vereinigung *(f)* unification

Trennung *(f)* separation

Fragen

1. Wodurch wurde Deutschland zum Herzland Europas?
2. Welche Fähigkeit zeigten die Deutschen immer wieder?
3. Welche grossen Männer brachten sie hervor?
4. Was gelang in Krisenzeiten aber auch Männern wie Hitler?
5. Wann erstrebten die Deutschen oft ihre Vereinigung?

Deutsche Frühgeschichte°

In vergangenen Zeiten lebten die deutschen Stämme nördlich der von Rom beherrschten Gebiete. Sie wurden Germanen genannt und waren zumeist° gross, blond und blauäugig. Sie lebten von Jagd, Fischerei und primitiver Landwirtschaft.° Körperliche Stärke und Ausdauer° galten viel° bei ihnen.

Während dieser Zeit dehnten Julius Cäsar und sein Nachfolger Augustus das Römische Reich bis zum Rhein und an die obere Donau aus.° Überall, wo die römischen Legionen blieben, wurden Festungen° gebaut. Ungefähr 150 Jahre lang herrschte° Friede zwischen den Römern und Germanen.

In der Zwischenzeit° machten sich die ersten Folgen der Völkerwanderung° bemerkbar. Die Feldwirtschaft der Germanen war nicht entwickelt genug, um aus dem Boden genügend Nahrung° für alle zu erzeugen. Für ihre grossen Viehherden° mussten sie immer neue Weidegründe° finden. Dies führte zu Kriegen, neuen Verträgen und Allianzen. Weitere Wanderungen setzten sich bis ins 5. Jahrhundert fort.

Von den vielen Stämmen,° die an der Völkerwanderung teilnahmen, überlebten° nur die Franken und Angelsachsen unbehelligt° diese Zeiten. Diese Germanen wurden die Gründer des ersten deutschen Staates. Der Name „Franken" könnte „die Freien" bedeuten, weil sie östlich

---

Frühgeschichte (f) early history

zumeist mostly

Landwirtschaft (f) agriculture
Ausdauer (f) perseverance
viel gelten to be counted for much
ausdehnen expand
Festung (f) fortress
herrschen here: exist

Zwischenzeit (f) meantime
Völkerwanderung (f) mass migration
Nahrung (f) food
Viehherde (f) herd of cattle
Weidegründe (pl) pastures

Stamm (m) tribe
überleben survive
unbehelligt undisturbed

vom Rhein lebten und den Römern nicht tributpflichtig° waren.

486 nach Christus wurde Clodwig, der aus dem Königshaus der Merowinger stammte, der Herrscher° des deutschen Königreiches. Es stand noch stark unter römischem Einfluss. Auf seinem Weg zur Thronbesteigung° räumte Clodwig alle möglichen Gegner aus dem Weg. Danach festigte° er seine Macht durch viele militärische Siege.

Unter der Herrschaft der Merowinger gabe es viele neue Konflikte. Im 7. Jahrhundert zerfiel° das Reich schliesslich in drei Teile, bis es 687 wieder vereinigt wurde.

tributpflichtig tributary

Herrscher *(m)* ruler

Thronbesteigung *(f)* ascendancy to the throne
befestigen consolidate

zerfallen fall apart

Fragen

1. Wovon lebten die Germanen?
2. Was galt viel bei ihnen?
3. Wie lange herrschte Friede zwischen den Römern und Germanen?
4. Welche zwei Stämme überlebten die Kriege und Streitereien?
5. Wodurch festigte Clodwig seine Macht?

Karl der Grosse

In der zweiten Hälfte des 8. Jahrhunderts wurde Karl I. Herrscher des Fränkischen Reiches. Er regierte von 768 bis 814 und war ein weiser Feldherr° und Staatsmann, der sehr viel Wert auf Kultur und Erziehung legte. Wegen seiner politischen Erfolge ging er in die Geschichte als Karl der Grosse ein.

Feldherr *(m)* general

Karl war loyaler Christ und stand gewöhnlich für den Papst und die Kirche ein.° Der Papst erkannte ihn als den mächtigsten Herrscher Europas an,° dessen Ziel es war, die romanischen und germanischen Völkerstämme unter eine gemeinsame Regierung zu bringen.

einstehen ... für stand up ... for
anerkennen recognize

Im Jahre 800 wurde Karl der Grosse überraschend von Papst Leo III. in Rom zum Kaiser° gekrönt.° Die Haupt-

Kaiser *(m)* emperor
krönen crown

Kaiser Karl der Grosse lag schon 700 Jahre in seinem Grab, als der
Maler Albrecht Dürer dieses Bild von ihm schuf.

stadt des neuen Kaiserreiches wurde Aachen. Karl lenkte° **lenken** direct
die Geschicke seines riesigen Reiches mit grosser Energie
und Klugheit. Als Beschützer des Rechts wurde er noch in
späteren Jahrhunderten verehrt.° **verehren** honor

Er fühlte sich auch verpflichtet,° die christliche Bevöl- **verpflichten** oblige
kerung seines Reiches gegen die Invasionen der heidni-
schen Nachbarn zu schützen und mit seiner Herrschaft
das Christentum weiter auszubreiten.° Er liess genaue **ausbreiten** spread
Kopien von kostbaren Manuskripten anfertigen,° die er **anfertigen** produce
auch zu seinen eigenen Studien verwandte.

Karl versuchte die Architektur zu fördern,° indem er **fördern** promote
viele italienische Architekten an seinen Hof° einlud. Ein **Hof** *(m)* court
Beispiel für die Mischung von italienischen und germani-
schen Einflüssen, die zur Entwicklung des romanischen
Stiles führte, ist der Dom° zu Aachen. Hier wurde Karl der **Dom** *(m)* cathedral
Grosse 814 in einem römischen Marmorsarg° zur Ruhe **Marmorsarg** *(m)*
gelegt. Fast 400 Jahre später fertigten deutsche Künstler   marble vault
den silbernen Schrein° an, der noch heute seine Gebeine° **Schrein** *(m)* shrine
enthält. **Gebeine** *(pl)*
   remains

Fragen

1. Worauf legte Karl der Grosse viel Wert?
2. Als was erkannte der Papst ihn an?
3. Wann und wo wurde Karl zum Kaiser gekrönt?
4. Wovon liess er genaue Kopien anfertigen?
5. Wo wurde Karl beigesetzt?

Der Reichszerfall°

Reichszerfall *(m)*
disintegration of
the Empire

Unter den Nachfolgern Karls des Grossen begannen neue
schwere Kämpfe um die Macht. Sie besassen aber weder
die Kraft noch die Fähigkeit, die Herrschaft über ein so
enormes Reich weiterzuführen.° Schliesslich zerfiel das **weiterführen** carry
Fränkische Reich wieder, und es wurde 834 in Verdun on
unter Karls drei Enkeln° neu aufgeteilt. **Enkel** *(m)* grandson

Den westlichen Teil, aus dem in späteren Jahrhunderten Frankreich entstand, erhielt Karl II. Der östliche Teil,
aus dem später Deutschland wurde, fiel an Ludwig I.,

auch der Deutsche genannt. Der dritte Reichsteil, den Lothar I. bekam, war ein langer Landstreifen zwischen dem westlichen und östlichen Reich, der sich von der Nordsee bis ans Mittelmeer einschliesslich Oberitalien erstreckte.° Ein Teil dieses Gebietes wurde in vielen späteren Kriegen zum Zankapfel° zwischen Frankreich und Deutschland.

sich erstrecken extend

Zankapfel *(m)* bone of contention

Fragen

1. Was begann unter den Nachfolgern Karls des Grossen?
2. Wann und wo wurde das Fränkische Reich neu aufgeteilt?
3. Woraus entstand Frankreich?
4. Welchen Reichsteil bekam Lothar I.?
5. Wozu wurde der nördliche Teil dieses Gebietes später?

Otto der Grosse

Als der nächste grosse Vereiniger° Westeuropas gilt Otto I., auch der Grosse genannt, der 936–973 als Kaiser regierte. Er machte durch die „Ottonische Verfassung"° die deutsche Reichskirche zur Bastion seiner Macht gegen die Herzöge. 951 erwarb° er durch Heirat noch Burgund als neuen Teil des Reiches hinzu.

Vereiniger *(m)* unifier

Ottonische Verfassung *(f)* Constitution made by Otto the Great
erwerben acquire

Papst Johann XII. krönte Otto I. im Jahre 962 zum Kaiser des „Heiligen Römischen Reiches Deutscher Nation". Eines der Ziele Ottos war es, die deutschen Gebiete im Osten neu zu besiedeln.° Sein Reich erstreckte sich schliesslich von der Nordsee bis zum Mittelmeer einschliesslich der heutigen Gebiete von Holland, Belgien, Elsass-Lothringen, ganz Deutschland, Österreich und Italien. Trotzdem war es im wahren Sinne des Wortes kein Kaiserreich, denn der Kaiser war für den grössten Teil des Reiches nur eine Schattenfigur° ohne Macht. Könige, Grafen und andere Edelleute° regierten innerhalb des Kaiserreichs ihre eigenen kleinen Staaten ohne bedeutende Intervention vonseiten Ottos.

besiedeln colonize, settle

Schattenfigur *(f)* figurehead
Edelleute *(pl)* noblemen

Der Kaisertitel° war zu dieser Zeit nicht mehr erblich° und wurde von Edelleuten und Bischöfen durch Wahl vergeben. Schliesslich wurde die Wahl auf sieben Kurfürsten beschränkt.° Sie liessen den Kaiser fast nie vergessen, dass er seine Position nur ihnen zu verdanken hatte.

Wenn die späteren Kaiser versuchten, ihre Machtansprüche° in Italien zu erneuern, kamen sie in Konflikt mit dem Papst. So wurden die Kaiser immer machtloser und waren nicht in der Lage, Deutschland wieder zu vereinigen.

Kaisertitel *(m)* title of emperor
erblich hereditary

beschränkt limit

Machtanspruch *(m)* claim for power

Fragen

1. Als was gilt Otto der Grosse?
2. Wozu machte er die deutsche Reichskirche?
3. Was war der Kaiser für den grössten Teil des Reiches?
4. Auf wen wurde die Wahl des Kaisers schliesslich beschränkt?
5. Was wurden die späteren Kaiser?

Das Mittelalter°

Während des Mittelalters war der bäuerliche Stand° meist von der herrschenden Ritterschaft° abhängig. Um das Jahr 1100 führte das Anwachsen° der Bevölkerung auch zum Anwachsen der Städte und Dörfer. Einige der Städte, die damals gegründet wurden und sich bis heute kaum verändert haben, wie Rothenburg ob der Tauber und das bayrische Dinkelsbühl, sind gute Beispiele für solche mittelalterlichen Städte. Die Kaufleute° und Handwerker,° die an diesen Orten lebten, gehörten zum Mittelstand° und wurden Bürger genannt.

Zum Schutz ihres Handels gründeten mehrere deutsche Städte die Hanse.° Städte wie das heutige Hamburg, Bremen und Lübeck waren ihre Mitglieder, und Köln galt als das westdeutsche Haupt dieses mächtigen Bundes. Die Hanse aber fand keine Unterstützung° bei Kaiser und Reich. Als die Landesfürsten einen grossen Teil der Städte

Mittelalter *(n)* the Middle Ages
Stand *(m)* class
Ritterschaft *(f)* knights
Anwachsen *(n)* increase

Kaufleute *(pl)* merchants
Handwerker *(m)* artisan
Mittelstand *(m)* middle class
Hansebund *(m)* league of Hansa cities
Unterstützung *(f)* support

zum Austritt° aus der Hanse zwangen, war diese den Ost- und Nordseestaaten nicht mehr gewachsen.°

Austritt *(m)* withdrawal
gewachsen sein be a match for

Fragen

1. Von wem war der bäuerliche Stand des Mittelalters meist abhängig?
2. Was sind einige der Städte, die damals gegründet wurden?
3. Wer wurde damals Bürger genannt?
4. Weshalb wurde die Hanse gegründet?
5. Bei wem fand die Hanse keine Unterstützung?

Barbarossa

Eine der glanzvollsten° Kaisergestalten des Mittelalters war Friedrich I., den die Italiener seines roten Bartes wegen „Barbarossa", d.h. Rotbart, nannten. Friedrich I. von Hohenstaufen wurde im Jahre 1152 zum Kaiser gewählt. Seine Bemühungen,° die Macht der Kaiser zu erneuern, waren von einigem Erfolg gekrönt. Dabei begann er einen Kampf gegen das Papsttum, mit dem er sich später wieder versöhnte.°

glanzvoll colorful

Bemühung *(f)* effort

versöhnen reconcile

Auf dem 3. Kreuzzug im Jahre 1190 ertrank° Barbarossa in dem türkischen Fluss Saleph, der heute Göksu heisst. Die Sage berichtet aber, dass er nicht wirklich gestorben, sondern nur eingeschlafen sei, und zwar in einer Höhle° im Kyffhäuserberg in Thüringen. Alle hundert Jahre wache er wieder auf, um zu sehen, ob Deutschland endlich wiedervereinigt sei. Sein Wunsch wurde 1990 endlich erfüllt.

ertrinken drown

Höhle *(f)* cave

Fragen

1. Weswegen erhielt Friedrich I. den Namen „Barbarossa"?
2. In welchen Bemühungen hatte er Erfolg?
3. Wogegen begann er einen Kampf?

4. Was berichtet die Sage über Barbarossas Tod?

5. Wozu soll er alle hundert Jahre wieder aufwachen?

Die Habsburger

Nach dem Tode Friedrichs II. im Jahre 1250 brach eine Periode der Unrast° über das Reich aus. Es zerfiel in viele Grafschaften,° Herzog- und Fürstentümer, die jeweils ihren eigenen Herrscher hatten. Jeder Anschein° von Einheit war daher verloren.

Im Jahre 1273 wurde Rudolf I. von Habsburg zum Kaiser gewählt. Während seiner ganzen Regierungszeit, die von 1273–91 dauerte, war er bemüht,° das inzwischen verlorene Reichsgebiet° wieder zurückzugewinnen.

In den nächsten fünf Jahrhunderten stellten° die Habsburger fast alle deutschen Kaiser. Sie hatten in dieser Zeit die Oberhoheit° in Österreich, aber eigentlich wenig Macht in Deutschland. In Österreich blieben die Habsburger bis 1918 die regierende Herrscherfamilie.

Unrast *(f)* restlessness
Grafschaft *(f)* earldom
Anschein *(m)* semblance

bemüht sein endeavor
Reichsgebiet *(n)* territory belonging to the empire
stellen provide
Oberhoheit *(f)* supreme rule

Fragen

1. Was geschah nach dem Tode Friedrichs II.?
2. Worin zerbrach das Reich?
3. Worum war Rudolf I. von Habsburg bemüht?
4. Was stellten die Habsburger in den nächsten fünf Jahrhunderten?
5. Was blieben sie bis 1918 in Österreich?

Die Kreuzzüge°

Die Kreuzzüge waren kriegerische Aktionen zugunsten° der christlichen Kirche im Mittelalter. Vor allem im 12. und 13. Jahrhundert unternahmen europäische Christen,

Kreuzzug *(m)* crusade
zugunsten for the benefit of

die man Kreuzfahrer° nannte, verschiedene solcher Kreuzzüge gegen die „ungläubigen" Mohammedaner, welche die „Heiligen Stätten"° in Jerusalem beherrschten.

Als Motive für die Kreuzzüge kann man religiösen Fanatismus, Abenteuerlust und Beutegier° betrachten. Fünf bis sieben Millionen Männer der führenden Schichten° Europas fielen ihnen zum Opfer.

Der erste Kreuzzug, 1096–99, endete mit der Eroberung Jerusalems durch Gottfried von Bouillon, während der zweite Kreuzzug, 1147–49, erfolglos° war. Am dritten Kreuzzug, 1189–92, nahmen der deutsche Kaiser Barbarossa, Richard Löwenherz von England und Phillip August von Frankreich teil.

Die Teilnehmer des 4. Kreuzzuges, 1202–04, eroberten Konstantinopel. Der Kinderkreuzzug,° 1212, an dem deutsche und französische Kinder teilnahmen, und der 5. Kreuzzug, 1217–19, waren ergebnislos.° Auf dem 6. Kreuzzug, 1228–29, erlangte Kaiser Friedrich II. den Besitz Jerusalems durch Verhandlungen.° Der 7. Kreuzzug, 1248–54, blieb ebenfalls ohne Ergebnis.

Kreuzfahrer *(m)* crusader

Stätte *(f)* place

Beutegier *(f)* greed for booty

Schicht *(f)* class

erfolglos unsuccessful

Kinderkreuzzug *(m)* children's crusade

ergebnislos without result

Verhandlung *(f)* negotiation

Fragen

1. Was waren die Kreuzzüge?
2. Gegen wen wurden die Kreuzzüge unternommen?
3. Aus welchen Gründen erfolgte die Beteiligung an den Kreuzzügen?
4. Womit endete der erste Kreuzzug?
5. Wer nahm an dem Kinderkreuzzug teil?

Die Reformation

Nach erfolglosen Versuchen von Wyclif, Hus und anderen Vorreformatoren,° riefen im 16. Jahrhundert Luther, Zwingli und Calvin zur Erneuerung° der Kirche auf. Dies führte dazu, dass die abendländische° Kircheneinheit aufgelöst wurde und neue, vom Papsttum unabhängige, evangelische Kirchen entstanden.

Zum Anlass° der Reformation wurde die Auseinander-

Vorreformator *(m)* predecessor of the reformers

Erneuerung *(f)* renewal

abendländisch occidental

Anlass *(m)* cause

Im Jahre 1517 befestigte Martin Luther seine Thesen an der
Kirchentür in Wittenberg, womit die Reformation begann.

setzung° mit der katholischen Lehre vom Sündenablass,° die 1517 mit der Bekanntgabe von Luthers 95 Thesen begann. Später kam seine Kritik an anderen Doktrinen hinzu.

1518 lehnte es Luther bei einem Verhör° ab, seine Lehren zu widerrufen.° Seine Ehe mit der früheren Nonne° Katharina von Bora begründete° das evangelische Pfarrhaus.°

Besonders wichtig an Luthers Lehre ist sein Kampf gegen die Interpretation vom freien Willen, dem er den unfreien Willen gegenüberstellt, weil der Mensch unter dem Zwang° der Sünde steht. Seine Beiträge° zum Aufbau seiner Landeskirchen waren der „Grosse und der Kleine Katechismus" (1529) und die Bibelübersetzung (1534), mit der er einen grossen Schritt zur Vereinheitlichung der deutschen Sprache unternahm.

Die Gegenreformation° war eine Bewegung des Katholizismus, den Angriff der Reformation durch innerkatholische Restauration abzufangen.° Im Westfälischen Frieden von 1648 wurde die Rechtsgleichheit° zwischen der katholischen und evangelischen Kirche anerkannt.

Auseinandersetzung *(f)* dispute
Sündenablass *(m)* sale of indulgences

Verhör *(n)* interrogation
widerrufen retract
Nonne *(f)* nun
begründen furnish the basis
Pfarrhaus *(n)* parsonage

Zwang *(m)* constraint
Beitrag *(m)* contribution

Gegenreformation *(f)* Counter-Reformation
abfangen offset
Rechtsgleichheit *(f)* equality in the eyes of the law

Fragen

1. Wer rief im 16. Jahrhundert zur Erneuerung der Kirche auf?
2. Wozu führte dies?
3. Was war der direkte Anlass der Reformation?
4. Was ist an Luthers Lehre besonders wichtig?
5. Was war die Gegenreformation?

Der Dreissigjährige Krieg°

Der Dreissig-jährige Krieg *(m)* the 30 Years' War

Der Dreissigjährige Krieg von 1618 bis 1648 vernichtete die Macht und den Wohlstand° Deutschlands, das der Kriegsschauplatz° war. Drei Fünftel seiner Bevölkerung, etwa 10 Millionen, wurden die Opfer dieses grausamen Krieges.

Wohlstand *(m)* prosperity
Kriegsschauplatz *(m)* theatre of war

Die Spannung° zwischen den beiden christlichen Religionen war im 16. Jahrhundert so stark geworden, dass die Unterdrückung° der Protestanten in Böhmen zum Bürgerkrieg° führte. Durch die Intervention anderer Länder wurde er zu einem Krieg der europäischen Mächte, die unter Führung Frankreichs die Vorherrschaft° der spanischen Habsburger in Europa bekämpften. Dem deutschen Kaiser mit der Liga° der katholischen Reichsfürsten stand die Union der protestantischen Fürsten gegenüber, unterstützt von Schweden und Dänemark und dem katholischen Frankreich.

Die allgemeine Erschöpfung° führte schliesslich zum Westfälischen Frieden zu Münster, dessen Resultate die Zerrissenheit° des Deutschen Reiches und das politische Einmischungsrecht° der Schweden und Franzosen waren. Die Schweiz und die Niederlande wurden vom Reich getrennt.

Spannung *(f)* tension

Unterdrückung *(f)* suppression
Bürgerkrieg *(m)* civil war
Vorherrschaft *(f)* predominance

Liga *(f)* league

Erschöpfung *(f)* exhaustion
Zerrissenheit *(f)* fragmentation
Einmischungsrecht *(n)* right to interfere

Fragen

1. Was vernichtete der Dreissigjährige Krieg?
2. Wozu führte die Unterdrückung der Protestanten in Böhmen?
3. Wodurch wurde der Bürgerkrieg zu einem Krieg der europäischen Mächte?
4. Wer stand sich in diesem Krieg gegenüber?
5. Welche Länder wurden durch den Westfälischen Frieden vom Reich getrennt?

Das Wachsen Preussens

Preussen wurde die Kernzelle° eines neuen Deutschen Reichs. Es war zuerst das Gebiet von Ostpreussen, das der Deutsche Orden° von den heidnischen Pruzzen erobert hatte und dem Kurfürstentum Brandenburg seinen neuen Namen gab. Ein grösseres Preussen unter Kurfürst Friedrich I. (1417–40) setzte sich gegen die Macht des Adels° und der Städte durch.° Preussens weiterer Aufstieg° war

Kernzelle *(f)* nucleus

Orden *(m)* order

Adel *(m)* nobility
sich durchsetzen prevail
Aufstieg *(m)* rise

der Erklärung der Unteilbarkeit° des Besitzes von 1473 zu danken.

Unteilbarkeit *(f)* indivisibility

Bis 1660 regierten die Herzöge unter polnischer Lehnshoheit,° die Friedrich Wilhelm, der Grosse Kurfürst (1640–88) beenden konnte. Er legte die Grundlagen für ein grösseres Preussen: geordnete Finanzen, ein pflichteifriges° Beamtentum° und eine fähige Armee.° Im Jahre 1675 besiegte er die gefürchteten Schweden bei Fehrbellin.

Lehnshoheit *(f)* feudalism

pflichteifrig zealous
Beamtentum *(n)* officialdom
Armee *(f)* armed forces
erwerben acquire

Sein Sohn Friedrich erwarb° 1701 die preussische Königskrone. Als Friedrich Wilhelm I. brachte er die Finanzen, das Beamtentum und das Heer auf solche Höhe, dass sein Sohn Friedrich der Grosse danach den Krieg um Schlesien gegen das österreichische Kaiserhaus unter Maria Theresia und dessen Alliierte siegreich° beenden konnte. Nach 1740 gehörte Preussen zu den Grossmächten.°

siegreich victorious

Grossmacht *(f)* world power

Durch den Erwerb° Westpreussens aus der Polnischen Teilung von 1772 stellte Friedrich der Grosse die Landverbindung° zu Ostpreussen her. Durch die zwei weiteren polnischen Teilungen rückte die preussische Grenze noch weiter östlich vor. Aber der preussische Staat war unter den weniger fähigen Königen Friedrich Wilhelm II. und Friedrich Wilhelm III. nicht imstande, seine alte Macht zu erhalten.

Erwerb *(m)* acquisition
Landverbindung *(f)* connection by land

Das isolierte Preussen unterlag° Napoleon im Kriege von 1806/07. Es wurde auf die Hälfte seiner Grösse reduziert und verlor seine militärische Macht. Aber eine Reformperiode von nur wenigen Jahren genügte,° Preussen zum gefürchteten Vorkämpfer° der Befreiung von Napoleon zu machen. Die Schwäche der preussischen Politik in den folgenden Jahrzehnten war durch die Schwäche der bis 1858 regierenden Könige bedingt.°

unterliegen succumb

genügen suffice
Vorkämpfer *(m)* champion

bedingt caused

Fragen

1. Was wurde Preussen?

2. Was erklärt Preussens weiteren Aufstieg?

3. Wofür legte der Grosse Kurfürst die Grundlagen?

4. Welchen Krieg konnte Friedrich der Grosse siegreich beenden?

5. In welchem Krieg verlor Preussen seine militärische Macht?

Bismarck

Otto von Bismarck, der unter Wilhelm I. 1862 preussischer Ministerpräsident° wurde, überwand durch die Trennung Österreichs vom Reich im Jahre 1866 das Hindernis° für eine deutsche Einigung. Der Deutsch-Französische Krieg 1870/71 führte zur Einigung aller Deutschen unter Führung des preussischen Königs, als Deutscher Kaiser.

Ministerpräsident *(m)* prime-minister
Hindernis *(n)* impediment

Preussen gab dem hieraus entstandenen° „Zweiten Reich" seine wesentlichen Züge. Der preussische Adel fand aber nicht den Weg in die Weltpolitik und in die soziale Verpflichtung° gegenüber der Masse des Volkes, den Arbeitern und Bauern. Mit der Novemberrevolution im Jahre 1918 brachen schliesslich die preussische Monarchie und der preussische Staat zusammen.° Als Land blieb Preussen erhalten und war infolge seiner Grösse und Tradition auch weiter die Kernzelle des Reiches, bis es nach dem Zweiten Weltkrieg schliesslich aufgelöst° wurde.

entstehen originate

Verpflichtung *(f)* obligation

zusammenbrechen collapse

auflösen dissolve

Fragen

1. Was überwand Bismarck durch die Trennung Österreichs vom Reich?
2. Was führte zur Einigung aller Deutschen?
3. Wozu fand der Adel nicht den Weg?
4. Was brach mit der Novemberrevolution zusammen?
5. Was blieb Preussen infolge seiner Grösse und Tradition?

Das Zweite Reich

Das Entstehen des Zweiten Reiches als neue mitteleuropäische Grossmacht verursachte neue politische Spannungen in Europa. Es gelang aber der klugen Mässigungspolitik° Bismarcks, das revanchelüsterne° Frankreich zu isolieren und damit den europäischen Frieden zu erhalten.

Mässigungspolitik *(f)* politics of moderation
revanchelüstern bent on revenge

Nachdem die Deutschen den deutsch-französischen Krieg
gewonnen hatten, wurde Wilhelm I, König von Preussen, zum
deutschen Kaiser ausgerufen.

Der „Eiserne Kanzler", wie Bismarck genannt wurde,
hatte es verstanden, der jungen Grossmacht im Herzen
Europas allgemein Respekt und Vertrauen zu erwerben.
Unter der Regierung Kaiser Wilhelms II. (1888–1918)
verschlechterte° sich jedoch Deutschlands Stellung unter
den Mächten mehr und mehr. Der Kaiser entliess° Bismarck im Jahre 1890 und begann eine neue, aggressivere
Aussenpolitik,° indem er das Heer und die Marine° ver-
grösserte und Deutschlands Einfluss in der übrigen Welt
zu stärken versuchte.

In der Zwischenzeit erfreute sich Deutschland eines
längeren Friedens, der 43 Jahre dauerte. Deutschland
machte in dieser Zeit grosse Fortschritte in der Industrie,

verschlechtern
deteriorate
entlassen dismiss

Aussenpolitik *(f)*
foreign policy
Marine *(f)* navy

den Naturwissenschaften° und der Kunst. Auch sein Aussenhandel° blühte. Seine Importe bestanden aus Rohstoffen,° während es vor allem Maschinen, Werkzeuge, Chemikalien, optische Geräte° und andere Fertigprodukte° exportierte, deren Herstellung grosses technisches Können verlangte.

    „Made in Germany" wurde zu einem internationalen Gütezeichen,° das überall, auch in den USA, Anerkennung° fand. Den anderen europäischen Industriestaaten, vor allem England, wurden die Erfolge des deutschen Kaufmanns auf den ausländischen Märkten daher immer unangenehmer.

Naturwissenschaft *(f)* natural science
Aussenhandel *(m)* foreign trade
Rohstoffe *(pl)* raw materials
Gerät *(n)* tool
Fertigprodukt *(n)* finished product
Gütezeichen *(n)* mark of quality
Anerkennung *(f)* recognition

Fragen

1. Was verursachte die Entstehung des Zweiten Reiches?
2. Was gelang Bismarck durch seine Mässigungspolitik?
3. Was hatte der „Eiserne Kanzler" verstanden?
4. Was begann der Kaiser nach der Entlassung Bismarcks?
5. Was wurde den europäischen Industriestaaten immer unangenehmer?

Der Erste Weltkrieg

Das nach Bismarcks Sturz° wieder erwachte Misstrauen gegen Deutschland führte dazu, dass sich zwei gegnerische° Mächtegruppen bildeten. Die eine bestand aus Deutschland, Österreich und Italien, die andere aus England, Frankreich und Russland. Sie traten sich zuerst diplomatisch, dann im Ersten Weltkrieg militärisch entgegen.

    Der Krieg dauerte von 1914 bis 1918. Er war viel mehr durch die Bündnissysteme° als durch den Willen der Staatsmänner entstanden. Er begann mit einem österreichisch-serbischen Konflikt, der aus der Ermordung° des österreichischen Thronfolgers° entstanden war. Der

Sturz *(m)* fall

gegnerisch hostile

Bündnissystem *(n)* alliance

Ermordung *(f)* assassination
Thronfolger *(m)* heir to the throne

Eintritt der USA in den Krieg auf der Seite Englands im Jahre 1917 hatte die Niederlage° Deutschlands zur Folge, obgleich Russland schon militärisch und politisch zusammengebrochen und als Gegner ausgeschieden° war.

Als Resultat des Weltkrieges wurde die alte Union zwischen Österreich und Ungarn aufgelöst.° Gleichzeitig mit der deutschen Kapitulation war 1918 das Kaisertum gestürzt° und die Republik ausgerufen worden. Durch den 1919 unterzeichneten° Versailler Vertrag verlor Deutschland einige seiner Gebiete an seine Nachbarn. Ausserdem wurden Deutschland hohe Reparationskosten° auferlegt.

Niederlage (f) defeat

ausscheiden withdraw

auflösen dissolve

stürzen overthrow

unterzeichnen sign

Reparationskosten (pl) reparations

Fragen

1. Wozu führte das nach Bismarcks Sturz erwachte Misstrauen?
2. Woraus bestanden die zwei gegnerischen Mächtegruppen?
3. Wodurch entstand der Erste Weltkrieg?
4. Was entschied den Krieg gegen Deutschland?
5. Was wurde Deutschland im Versailler Vertrag auferlegt?

Die Weimarer Republik

Die neue deutsche Staatsform war die sogenannte° Weimarer Republik. Man hatte diesen Namen gewählt, weil die neue Verfassung in der historischen Stadt Weimar ausgearbeitet° und angenommen worden war. Ausserdem war Weimar seit dem 18. und 19. Jahrhundert ein Zentrum des deutschen Geisteslebens,° mit dem sich Namen wie Goethe und Schiller verbanden. 1919/20 wurde es der Sitz der Weimarer Nationalversammlung.

Der erste Präsident der Weimarer Republik war der Sozialist Friedrich Ebert, ein Mann aus dem Volke. Während seiner Amtszeit° von 1918 bis 1925 war er imstande, die Versuche rechts- und linksgerichteter° Extremisten, an die Macht zu gelangen, zu unterdrücken. Die Unzufriedenheit mit dem Versailler Vertrag und die Wirt-

sogenannt so-called

ausarbeiten work out

Geistesleben (n) cultural life

Amtszeit (f) period of office

rechts- und linksgerichtet on the right and on the left

Kundgebung im Berlin der zwanziger Jahre.

schaftskrise° der Nachkriegsjahre machten die Position der Regierung aber immer schwächer.

Dies führte zu einer grossen Arbeitslosigkeit° und Inflation, welche die Ersparnisse° von Millionen Bürgern auslöschte.° Obgleich sich später die Wirtschaft wieder stabilisierte, wurden die Stimmen der extremistischen Elemente in Deutschland immer lauter.

Wirtschaftskrise *(f)* economic crisis
Arbeitslosigkeit *(f)* unemployment
Ersparnisse *(pl)* savings
auslöschen wipe out

Fragen

1. Wie nannte man den neuen Staat?
2. Welche Namen waren mit Weimar verbunden?
3. Was war Friedrich Ebert imstande zu tun?
4. Was machte die Position der Regierung immer schwächer?
5. Welche Stimmen wurden in Deutschland immer lauter?

Hindenburg

Nach Eberts Tode im Jahr 1925 wurde Paul von Hindenburg zum Reichspräsidenten gewählt. Er war seit 1916 Chef des Generalstabs° der deutschen Truppen gewesen. In der revolutionären Periode der Nachkriegsjahre hatte er die Republik unterstützt. Während der ersten sieben Jahre seiner Amtszeit gelang es Hindenburg, die Weimarer Verfassung aufrechtzuerhalten.° Auch ist es ihm zu verdanken, dass die deutsche Wirtschaft wieder auf eine gesunde Basis gebracht wurde.

Während dieser Zeit fungierte° Gustav Stresemann als Reichskanzler° und Reichsaussenminister.° Mit Hilfe des durch ihn akzeptierten Dawes-Plans und des Locarno-Pakts schuf er die Basis für eine neue Friedenspolitik, der zufolge Deutschland 1926 in den Völkerbund° aufgenommen wurde.

Für seine Bemühungen um den Frieden erhielt Stresemann 1926 zusammen mit dem Franzosen Briand den Nobelpreis. Durch Verhandlungen mit den Alliierten erreichte er einige Änderungen im Versailler Vertrag, besonders eine Herabsetzung° der Reparationskosten. In diesen Jahren verbesserte sich auch Deutschlands wirtschaftliche Situation wieder, sowohl durch die harte Arbeit seiner Bevölkerung als auch mit Hilfe verschiedener Darlehen,° die zum grössten Teil aus den USA kamen.

Das Jahr 1929 brachte eine allgemeine Weltwirtschaftskrise,° die Deutschland besonders hart traf. Millionen wurden arbeitslos, und viele kleine und mittlere Betriebe° machten bankrott. Banken wurden geschlossen, und viele Sparkonten° waren nichts mehr wert. Verbitterung° und Hoffnungslosigkeit waren das Ergebnis der allgemeinen Not.

Generalstab *(m)* General Staff

aufrechthalten maintain

fungieren function, official
Reichskanzler *(m)* chancellor of the Reich
Reichsaussenminister *(m)* foreign secretary of the Reich
Völkerbund *(m)* League of Nations

Herabsetzung *(f)* reduction

Darlehen *(n)* loan

Weltwirtschaftskrise *(f)* world economic crisis
Betrieb *(m)* company, firm
Sparkonto *(n)* savings account
Verbitterung *(f)* bitterness

Fragen

1. Was war Hindenburg seit 1916 gewesen?

2. Was gelang ihm während der ersten sieben Jahre als Reichspräsident?

3. Was schuf die Annahme des Dawes-Plans und der Abschluss des Locarno-Pakts?

4. Was erhielt Stresemann für seine Bemühungen um den Frieden?

5. Was war das Ergebnis der Weltwirtschaftskrise von 1929?

Hitlers Machtübernahme°

Die neue Verfassung zeigte sich bald als zu schwach, da die verantwortlichen Parteien zu zersplittert° waren. Die Gegner des „Weimarer Systems", die eine Befreiung vom „Versailler Diktat" verlangten, und die bürgerlichen Klassen fanden sich mit denen, die von der Arbeitslosigkeit bedroht° waren, im Nationalsozialismus und im Kommunismus zusammen. Da eine normale Regierungsbildung° seit 1930 nicht mehr möglich war, regierten die Kabinette dieser Jahre—unter Brüning, von Papen, von Schleicher und anfangs auch Hitler—mit der sogenannten Notverordnung.°

Die Koalitionsregierung Adolf Hitlers erhielt zwar in dem 1933 gewählten Reichstag zum ersten Male wieder eine parlamentarische Mehrheit, aber das sogenannte „Ermächtigungsgesetz"° gab ihm auch die Möglichkeit, vier Jahre ohne ein Parlament zu regieren. Auf diesem Prinzip baute Hitler in kurzer Zeit sein Diktatursystem auf. 1934 erklärte er sich zum „Führer" und Reichskanzler.

Das Unglück der Deutschen war, einen Mann zum selbsterklärten° Führer zu bekommen, der selbst kein Deutscher war. Hitler war 1889 als der illegitime Sohn eines Zollbeamten in Österreich geboren. Seine Jugend war unglücklich: er musste das Gymnasium° verlassen, hatte keinen Erfolg als Maler und entschloss sich deshalb später, „Politiker zu werden".

Um dem österreichischen Militärdienst° zu entgehen, floh er 1911 nach München. Im Ersten Weltkrieg aber wurde er Soldat in einem bayrischen Regiment. Danach trat er einer neuen rechts-radikalen Gruppe bei, die sich „Deutsche Arbeiterpartei" nannte.

Schon im Jahre 1923 hatte Hitler versucht, durch einen

Machtübernahme (f) seizure of power

zersplittern split up

bedrohen threaten

Regierungsbildung (f) formation of a cabinet

Notverordnung (f) emergency law

Ermächtigungsgesetz (n) law giving complete power (Enabling Act)

selbsterklärt self-styled

Gymnasium (n) secondary school

Militärdienst (m) military service

Adolf Hitlers Redetechnik war ein wichtiger Faktor bei seiner Machtergreifung.

Putsch° an die Macht zu kommen. Dies gelang ihm nicht, und er erhielt eine Festungshaft,° während der er sein politisches Programmbuch „Mein Kampf,, schrieb. Nachdem er 1933 als Reichskanzler an die Macht gekommen war, begann auch die Alleinherrschaft° seiner Partei, die jetzt National-Sozialistische Deutsche Arbeiterpartei, kurz NSDAP, hiess. Damit begann die grösste Katastrophe in der Geschichte der Deutschen.

Putsch (m) insurrection
Festungshaft (f) confinement in a fortress
Alleinherrschaft (f) absolute power

Fragen

1. Was verlangten die Gegner des „Weimarer Systems"?
2. Worin fanden sie sich mit den bürgerlichen Klassen zusammen?
3. Wozu gab das „Ermächtigungsgesetz" Hitler die Möglichkeit?
4. Wozu erklärte sich Hitler 1934?
5. Was hatte er 1923 schon versucht?

Der Weg ins Chaos

1938 machte sich Hitler auch noch zum Oberbefehlshaber° der Deutschen Wehrmacht, um sich das höchste Kommando über das Militär zu sichern.° Auf dem politischen Feld beseitigte° er seine vielen Gegner im eigenen Lande durch brutalen Terror. Diesem Zwecke dienten vor allem die Konzentrationslager,° von denen er die ersten schon 1933/34 errichten liess. Hitler machte vor allem die Juden° für alle Misstände° in Deutschland verantwortlich, weil er von blindem Hass gegen sie erfüllt war. Aber auch andere Gruppen, die sich seinen Ideen aus politischen oder religiösen Gründen widersetzten,° hatten unter seinem Terror zu leiden.

Sobald Hitler an der Macht war, begann er die Loslösung° vom Versailler Vertrag. 1933 folgte Deutschlands Beendigung aller Reparationszahlungen und sein Austritt° aus dem Völkerbund, 1935 die allgemeine Wehr-

Oberbefehlshaber (m) commander-in-chief
sichern secure
beseitigen remove
Konzentrationslager (n) concentration camp
Jude (m) Jew
Misstand (m) grievance
widersetzen oppose
Loslösung (f) disengagement
Austritt (m) withdrawal

pflicht,° 1936 die Beseitigung der entmilitarisierten° Zone am Rhein, 1938 die Annektierung Österreichs und des Sudetenlandes, 1939 die des Memelgebietes. Auch damit war Hitlers Appetit nicht gestillt. Sein nächstes Ziel war es, noch mehr Ostgebiete° zu gewinnen.

allgemeine Wehrpflicht *(f)* compulsory military service
entmilitarisiert demilitarized
Ostgebiet *(n)* Eastern territories

Der Weg in die grösste Katastrophe der deutschen Geschichte war vorbereitet. Er führte zum Zweiten Weltkrieg.

Fragen

1. Wozu machte sich Hitler 1938 auch noch?
2. Wodurch beseitigte er seine vielen Gegner im eigenen Lande?
3. Was liess er 1933/34 schon errichten?
4. Was begann Hitler, sobald er an der Macht war?
5. Was war sein nächstes Ziel im Jahre 1939?

Der Zweite Weltkrieg

Hitlers aussenpolitische Erfolge hatten ihm auch die Unterstützung solcher deutschen Kreise° gesichert, die seine Massnahmen° im Innern ablehnten. Dies führte zu Hitlers Entschlossenheit, als nächstes die Frage Danzigs und des Polnischen Korridors zu lösen; dieses Gebiet trennte seit 1918 Ostpreussen vom übrigen Reichsgebiet ab.

Kreis *(m)* circle
Massnahme *(f)* measure

Polen sah sich moralisch von England und Frankreich unterstützt, da diese beiden Länder nach der Errichtung° des „Reichsprotektorats Böhmen und Mähren" 1939 erklärt hatten, jede weitere deutsche Gewaltaktion° zu bekämpfen. Nach Abschluss eines Neutralitätspaktes° mit Russland im Jahre 1939 glaubte Hitler aber nicht mehr, dass die Gefahr einer Intervention vom Westen bestand.

Errichtung *(f)* establishment
Gewaltaktion *(f)* action by force
Neutralitätspakt *(m)* neutrality pact

Am 1. September 1939 fand daher die deutsche Invasion in Polen statt, womit der Zweite Weltkrieg begann.

In seinem Verlauf° wurden, ähnlich wie im Ersten Weltkrieg, nach grossen anfänglichen Erfolgen die deutschen Kräfte mehr und mehr aufgezehrt;° besonders nach dem deutschen Angriff auf die Sowjetunion im Jahre 1941. Das aktive Eingreifen° der USA von Dezember 1941 ab

Verlauf *(m)* course
aufzehren use up
Eingreifen *(n)* intervention

hatte auch diesmal wieder Deutschlands Niederlage zur Folge. Nachdem das Reich alle seine europäischen Verbündeten verloren hatte und fast ganz erobert war, beging Hitler am 30. April 1945 Selbstmord° in Berlin.

Die deutsche Wehrmacht kapitulierte am 4. Mai, und die restlichen Mitglieder der deutschen Regierung wurden am 23. Mai verhaftet.° Mit dem Ende der 12 jährigen Nazidiktatur war auch das Ende des Zweiten Weltkriegs in Europa erreicht.

Selbstmord begehen commit suicide

verhaften arrest

Fragen

1. Von welchen Ländern sah Polen sich moralisch unterstützt?
2. Was fand am 1. September 1939 statt?
3. Was geschah nach den deutschen Anfangserfolgen?
4. Was bedeutete das aktive Eingreifen der USA?
5. Was für ein Ende fand Hitler?

Folgen des Krieges

Durch die „Berliner Erklärung"° vom 5. Juni 1945 übernahmen die Alliierten offiziell die oberste Regierungsgewalt.° Die Ostgebiete bis zur Oder-Neisse wurden Polen zur Verwaltung übergeben, das übrige Reichsgebiet in vier Besatzungszonen geteilt. Berlin wurde von der Sowjetunion, den USA, England und Frankreich gemeinsam in vier Sektoren eingeteilt.

Erklärung (f) declaration

Regierungsgewalt (f) governmental power

Da inzwischen über die deutsche Frage zwischen der Sowjetunion und den Westmächten keine Einigung erreicht werden konnte, entstand 1949 im Westen die Bundesrepublik Deutschland, kurz BRD genannt, und bald darauf im Osten die Deutsche Demokratische Republik, kurz DDR genannt. Der folgende sogenannte „Kalte Krieg" zwischen den siegreichen Ost- und Westmächten führte dazu, dass die beiden deutschen Staaten Selbständigkeit° erhielten; er erschwerte auch ihre mögliche Wiedervereinigung.°

Selbständigkeit (f) independence
Wiedervereinigung (f) reunification

Konrad Adenauer, „der Alte" genannt,
war der erste Kanzler der BRD.

Die BRD wurde schliesslich in das westliche und die
DDR in das östliche Militärsystem eingegliedert.° Der **eingliedern** integrate
Krieg mit Deutschland wurde zwar von allen Teilneh-
mern als beendet erklärt, aber über einen offiziellen Frie-
densvertrag° ist bis heute noch keine Einigung erreicht **Friedensvertrag** (m) peace treaty
worden.

Wirtschaftlich erholte sich besonders Westdeutschland
relativ schnell von den Folgen des Zweiten Weltkrieges.
Dies war vor allem durch den amerikanischen Marshall-
Plan möglich geworden. Der Wiederaufbau der zerstör-
ten Städte und Industrie führte zu ihrer Modernisierung
und zu dem sogenannten „Wirtschaftswunder",° das **Wirtschaftswunder** (n) economic miracle
bald den Lebensstandard der Westdeutschen zu einem
der höchsten in Europa gemacht hatte.

Die volle Beschäftigung° in der Industrie und anderen **Beschäftigung** (f) employment
Zweigen der Wirtschaft hatte schliesslich einen Mangel° **Mangel** (m) lack
an Arbeitern zur Folge. Deshalb wurden immer mehr
Gastarbeiter° aus anderen Ländern, vor allem der Türkei, **Gastarbeiter** (m) foreign worker
zur Hilfe in die BRD eingeladen.

Fragen

1. Wodurch übernahmen die Alliierten die oberste
   Regierungsgewalt?

2. Welche zwei Teilstaaten entstanden 1949?

3. Was machte die grössere Selbständigkeit dieser Staaten schwieriger?

4. Worüber ist bis heute noch keine Einigung zwischen den ehemaligen Gegnern Deutschlands erreicht worden?

5. Was hatte die volle Beschäftigung in der BRD zur Folge?

Die Bundesrepublik

Die Bundesrepublik wurde Mitglied der EG (Europäische Gemeinschaft°), der Montan-Union (Europäische Gemeinschaft für Kohle und Stahl) und der Euratom (Europäische Atomenergie Kommission).

Gemeinschaft *(f)*
community

Politisch war sie eine liberale, konstitutionelle, parlamentarisch regierte Demokratie, in der alle Bürger die gleichen Grundrechte° besitzen. Alle Gewalt des Staates war an diese Grundrechte gebunden. Der Bundespräsident war das offizielle Staatsoberhaupt,° und der Bundeskanzler° bildete mit den Bundesministern das Kabinett, das heisst die Bundesregierung.

Grundrecht *(n)*
fundamental right
Staatsoberhaupt *(n)*
head of state
Bundeskanzler *(m)*
federal chancellor

Bundesrat und Bundestag bildeten die Volksvertretung.° Die Bundesgesetze wurden vom Bundestag beschlossen, mussten aber, um legale Kraft zu haben, die Zustimmung° des Bundesrates haben. Gesetze, welche die Verfassung° ändern, benötigten die Zustimmung von 2/3 der Mitglieder des Bundestages und von 2/3 der Mitglieder des Bundesrates.

Volksvertretung *(f)*
representation of the people
Zustimmung *(f)*
consent
Verfassung *(f)*
constitution

Alle elf Länder, einschliesslich West-Berlin, aus denen der Bund bestand, hatten ihre eigene Verfassung. Jede dieser Verfassungen entsprach dem Deutschen Grundgesetz.°

Grundgesetz *(n)*
Basic Law

Konrad Adenauer, der massgeblich daran beteiligt war, die politische Basis des neuen Staates zu schaffen, war von 1949 bis 1963 der erste Kanzler der Bundesrepublik. Sein Nachfolger,° Ludwig Erhard, der „Vater des deutschen Wirtschaftswunders", resignierte aber 1966 zugunsten von Kurt Kiesinger. Diese ersten drei Kanzler gehörten der Christlich-Demokratischen Partei (CDU) an.

Nachfolger *(m)*
successor

Zwei Stimmen hat jeder bei der Wahl.

Mit Willy Brandt kam 1969 zum ersten Mal seit 1945 ein Sozialdemokrat an die Regierung. Sein erklärtes Ziel war die deutsche Wiedervereinigung. 1974 wurde Helmut Schmidt sein Nachfolger. Wegen der Rezession in der BRD musste er im Herbst 1982 resignieren, und im März 1983 wurde Helmut Kohl zum Bundeskanzler gewählt. Die CDU, in Koalition mit der FDP, war nach 14 Jahren wieder die Regierungspartei.

Fragen

1. Was war die Bundesrepublik politisch?
2. Was war der Bundespräsident?
3. Was bildete der Bundeskanzler mit den Bundesministern?
4. Was hatten alle elf Länder, aus denen der Bund bestand?
5. Was war das Ziel von Bundeskanzler Brandt?

Die DDR und Berlin

Die Geschichte der DDR hatte eine andere Entwicklung.° Seitdem der deutsche Oststaat als ein separat regiertes Land im Jahre 1949 nach der Gründung der BRD existiert hatte, war die Trennung zwischen den beiden deutschen Ländern in den folgenden Jahren immer stärker geworden. Keiner der beiden Staaten wollte dem anderen Staat seine offizielle Anerkennung geben. Dies lag an den verschiedenen Systemen.

Entwicklung *(f)* development

Die Regierungsform der DDR war kommunistisch und daher mit der der anderen Ostblockländer° zu vergleichen. Als Hauptpartei fungierte die Sozialistische Einheitspartei Deutschlands, kurz SED genannt. Da Opposition gegen das politische System der DDR nicht erlaubt war, flohen viele seiner Einwohner in die BRD.

Ostblockländer *(pl)* countries belonging to the Eastern block

Ein anderer Faktor, der besondere Status der geteilten früheren Reichshauptstadt Berlin, komplizierte die Situation besonders in den ersten Jahren. Nach der Periode des „Kalten Krieges", in der die Zufahrt nac;0h West-Berlin blockiert und schliesslich durch die „Luftbrücke"° wieder geöffnet wurde, verbesserte sich das politische Klima ein wenig.

Luftbrücke *(f)* airlift

Rotkreuz-Schwestern geben Information über Arbeitsstellen für Flüchtlinge.

In den folgenden Jahren ist mit Zustimmung° der alliierten Siegermächte der Versuch gemacht worden, engere Beziehungen zwischen beiden Teilen Deutschlands zu erreichen. Noch aber waren beide Länder durch eine scharf bewachte Grenze getrennt, die auch quer durch Berlin ging.

Zustimmung (f) consent

Willy Brandt, der ehemalige° Kanzler der BRD, erhielt 1971 den Nobelpreis für seine Bemühungen um den Frieden.° Dies war die Anerkennung der übrigen Welt dafür, dass er entscheidend dazu beigetragen hat, internationale Spannungen zu beseitigen und eine Versöhnung° zwischen früheren Feinden zu erreichen. Erst nach dem 9. November 1989 gab es wieder ein vereinigtes Deutschland. Zu seinem Haupt als erster Bundes-Kanzler wurde Helmut Kohl gewählt.

ehemalig former

verleihen award

Versöhnung (f) reconciliation

Fragen

1. Was war seit 1949 immer stärker geworden?
2. Womit war die Regierungsform der DDR zu vergleichen?

Bundeskanzler Helmut Kohl.

3. Was geschah nach der Periode des „Kalten Krieges"?

4. Wodurch waren beide Länder aber noch getrennt?

5. Wer wurde der erste Kanzler des wiedervereinigten Deutschlands?

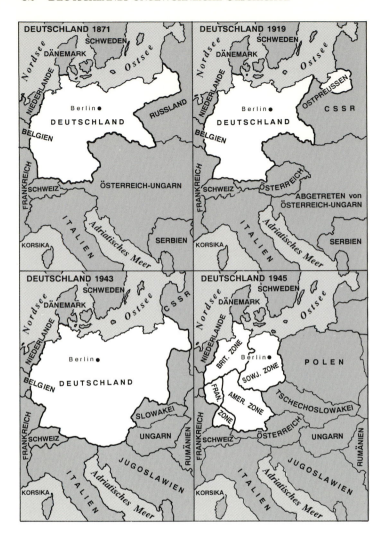

Fünfmal Deutschland

Seit dem Bestehen des Ersten Reiches (1871) haben sich die Grenzen des Landes oft geändert: 1919 nach dem Ersten Weltkrieg, 1943 während des Zweiten Weltkrieges, 1945 nach dem Zweiten Weltkrieg und 1990 nach der Wiedervereinigung.

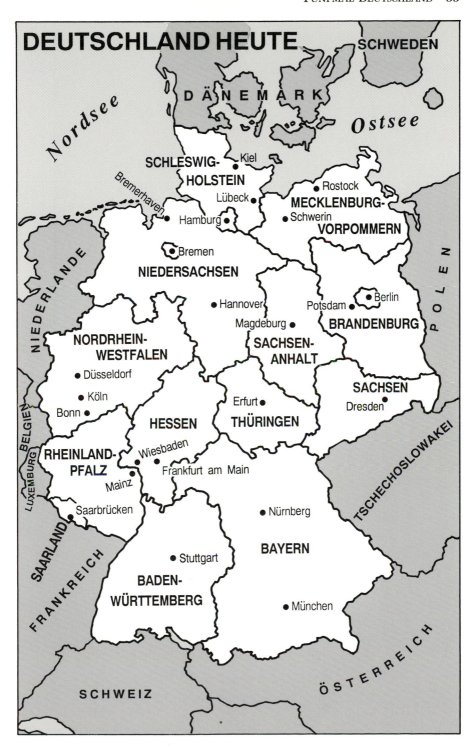

DEUTSCHLAND HEUTE

SCHWEDEN

Nordsee

D Ä N E M A R K

Ostsee

SCHLESWIG-
HOLSTEIN

Kiel •

Bremerhaven

Lübeck

• Rostock

MECKLENBURG-

• Schwerin

VORPOMMERN

Hamburg •

• Bremen

NIEDERSACHSEN

P
O
L
E
N

N
I
E
D
E
R
L
A
N
D
E

• Hannover

Potsdam •   • Berlin

Magdeburg •

BRANDENBURG

NORDRHEIN-
WESTFALEN

SACHSEN-
ANHALT

B
E
L
G
I
E
N

• Düsseldorf

SACHSEN

• Köln

Erfurt •

Bonn •

HESSEN

THÜRINGEN

Dresden •

L
U
X
E
M
B
U
R
G

RHEINLAND-
PFALZ

Wiesbaden •

Frankfurt am Main

Mainz

• Nürnberg

Saarbrücken •

S
A
A
R
L
A
N
D

• Stuttgart

BAYERN

BADEN-
WÜRTTEMBERG

• München

F
R
A
N
K
R
E
I
C
H

T
S
C
H
E
C
H
O
S
L
O
W
A
K
E
I

Ö S T E R R E I C H

SCHWEIZ

Ein Höhepunkt der gotischen Kunst sind diese Türen des Kölner
Doms.

III

Deutsches Kulturleben

Es gibt sozusagen° zwei Kulturen: die mit dem grossen *K* und die mit dem kleinen. Die mit dem grossen *K* bedeutet im allgemeinen „kultivierte"° Dinge wie Kunst, Musik, Dichtung, Theater und andere künstlerische Schöpfungen, die Menschen in ihrer Freizeit geniessen.° Kultur mit dem kleinen *k* ist ein anderes Wort für eine gewisse Lebensform, die fast jeden Alltag° prägt.° Beginnen wir mit der Kultur mit dem grossen *K*.

Verglichen mit den Mittelmeerländern ist das, was wir den deutschsprachigen Raum nennen—also geographisch Deutschland, ein Teil der Schweiz und Österreich—ein Spätling° der Architektur. Man könnte den Spruch „ex oriente lux" (das Licht kommt aus dem Osten) so ändern, dass das Licht der Zivilisation, der Kunst und Wissenschaft und der übrigen Faktoren, die die Kultur eines Volkes formen, erst mit der Ausbreitung° des Christentums vom Süden her über die Alpen nach dem rauhen Norden gebracht wurde.

So blieb denn auch der Süden, vor allem Italien, durch die Jahrhunderte hindurch ein lockendes° Ziel für die Deutschen, ja bis zur Lockung des Südens für heutige Touristen.

sozusagen so to speak

kultiviert cultivated

geniessen enjoy

Alltag *(m)* everyday life
prägen form

Spätling *(m)* latecomer

Ausbreitung *(f)* spreading

locken allure

55

Im frühen Mittelalter war es fast nur die Kirche, genauer gesagt die Klöster,° die die ersten Kulturdenkmäler° schufen. Vor allem war es die Baukunst der Mönche, der wir solch kraftvolle° Kirchenbauten aus dem 10. bis 12. Jahrhundert wie die Dome zu Speyer, Mainz und Worms oder die edlen Formen der Abteikirche° von Maria Laach verdanken. Aus der Blütezeit des spätromanischen Stils stammen die prächtigen Profanbauten° der kaiserlichen Päläste in Gelnhausen und Goslar, von denen heute nur noch Teile erhalten sind. Auch die reich mit Rundbögen° geschmückte Wartburg, auf der Luther mit seiner Bibel-übersetzung die Basis für das heutige Hochdeutsch° schuf, wurde um diese Zeit gebaut.

Kloster *(n)* cloister, monastery
Denkmal *(n)* monument
kraftvoll powerful
Abteikirche *(f)* abbey church
Profanbau *(m)* secular building
Rundbogen *(m)* round arch
Hochdeutsch *(n)* high German

Zwischen der ersten Hälfte des 13. und dem Anfang des 16. Jahrhunderts entwickelte sich der Stil, der für das deutsche Wesen° am typischsten ist und nicht nur in der Architektur die schönsten Blüten produziert hat, sondern auch auf vielen anderen Gebieten der Kultur—die Gotik.

Wesen *(n)* here: character

Waren die romanischen Gotteshäuser zum grössten Teil aus der Initiative der Klöster und Bischöfe entstanden, so sind die meisten Kirchen und auch die Profanbauten in der Hoch- und Spätgotik (1350 bis Anfang des 16. Jahrhunderts) dem Bürgertum° der kräftig gewachsenen Städte zu verdanken. Die sogenannten Bauhütten, Genossenschaften° von Künstlern, Bauhandwerkern und Steinmetzen,° schufen in harmonischer Zusammenarbeit—über Jahrzehnte, oft sogar Jahrhunderte hinweg—zahllose Denkmäler dieses Stils, der sich mehr und mehr zu einer typisch deutschen „Sondergotik“° entwickelte. Die Idee dieser Bauhütten wurde nach dem 1. Weltkrieg von dem Architekten Walter Gropius wieder aufgenommen, der in Weimar (später in Dessau) das Bauhaus, eine Akademie für Architektur und angewandte° Kunst, gründete.

Bürgertum *(n)* middle class
Genossenschaft *(f)* co-operative society
Steinmetz *(m)* stone mason
Sondergotik *(f)* special Gothic style
angewandt applied

Um nur einige Höhepunkte aus der Fülle° dieser mittelalterlichen Bauten zu nennen, erwähnen wir den Wiener Stefansdom, das Strassburger, das Basler und das Ulmer Münster (mit seinem 161m hohen Turm, dem höchsten Kirchturm in Europa), den prächtigen Kölner Dom, die Rathäuser von Braunschweig, Lüneburg, Lübeck und Tangermünde, die letzten drei in dem für Norddeutschland typischen Backsteinbau.°

Fülle *(f)* abundance
Backstein *(m)* brick

Um 1500, erst hundert Jahre später als die Renaissance in Italien entstanden war, begann sie auch in Deutsch-

Ruine eines Benediktiner-Klosters (romanisch) aus dem 11.
Jahrhundert.

So mittelalterlich sah der Hauptmarkt der Stadt Trier vor hundert
Jahren aus.

land. Im Gegensatz zur mystisch-frommen Andacht° der   **Andacht** *(f)*
Gotik ist dieser Stil, auch in seiner Kirchenarchitektur,   devotion
weltoffen, repräsentativ, und festlich heiter.° Kein Wun-   **heiter** merry
der, dass er eine viel grössere Rolle im weltlichen als im
Kirchenbau spielte. Prächtige Paläste wie das Schloss

Weikersheim, das Schloss zu Aschaffenburg, und das Heidelberger Schloss, oder die monumentalen Zunft°- und Rathäuser reicher Handelsstädte wie Bremen, Nürnberg und Augsburg sind noch heute lebendige Zeugen° dieser noblen, klaren Bauweise.

Zunft *(f)* guild

Zeuge *(m)* witness

Der 30jährige Krieg und seine verheerenden° Folgen hatten Deutschland um ein ganzes Jahrhundert in der Kulturgeschichte Europas zurückgeworfen. So kam der Anschluss an das Barock wieder einmal verspätet.

verheerend disastrous

Gegen Ende des 18. Jahrhunderts begann unter dem Einfluss der französischen Revolution eine starke Reaktion gegen den luxuriösen Feudalstil des Rokokos. Anstatt eine neue Architektur zu entwickeln, kehrte man abrupt zur Antike zurück, imitierte ionische und dorische Säulenhallen° oder altrömische Fassaden für Museen, Theater und ähnliche Repräsentativbauten.

Säulenhalle *(f)* portico

In den ersten Jahrzehnten des 19. Jahrhunderts, zur Blütezeit der Romantik, folgte die Architektur den übrigen Künsten und nahm sich das Mittelalter zum Vorbild.° Aber es gelang dieser Imitation nie, den Geist der alten Gotik wieder lebendig zu machen.

Vorbild *(n)* pattern, example

Nach den Zerstörungen des Weltkrieges war „Zweckmässigkeit"° das neue Motto. Nach seiner Emigration nach Amerika war Gropius zusammen mit Mies van der Rohe in den USA tätig und hat mit seinem „Bauhausstil" die moderne amerikanische Architektur stark beeinflusst.

Zweckmässigkeit *(f)* functionality

Fragen

1. Was verdanken wir der Baukunst der Mönche?
2. Wann entwickelte sich die deutsche Gotik?
3. Welcher berühmte gotische Dom entstand am Rhein?
4. Wer hat in Weimar das „Bauhaus" gegründet?
5. Welches war das Baumotto nach dem Kriege?

Malerei und Plastik

Im frühen Mittelalter standen Malerei und Plastik fast nur im Dienst der Kirche. In erster Linie war es die Buchmalerei, die in der frühromanischen Zeit einen nationalen Stil entwickelte. Anfangs wurden in den Evangelien° nur dekorative Initialen gemalt, aus denen allmählich symbolhafte Textillustrationen von einer frischen Naivität, wie etwa im Goldenen Psalter von St. Gallen, entstanden. Von der Wandmalerei jener Zeit ist nicht mehr viel erhalten.° Doch zeigen die Fresken der St. Georgskirche auf der Insel Reichenau schon eine sehr bewegte Komposition, leuchtendes Kolorit und grossen Realismus.

Die Skulptur beginnt mit dem Relief, aus dem sich erst langsam die Rundplastik entwickelt. Vor Beginn der Spätgotik, am Ende des 14. Jahrhunderts, findet man in der Malerei und Plastik nur sehr selten Werke, die mehr als historisches Interesse haben, wie etwa den berühmten Bamberger Reiter° oder die herrlichen Stifterfiguren° vom Naumburger Dom.

Die deutsche Spätgotik ist ein sehr produktives und vitales Kapitel der deutschen Kunstgeschichte. Ihr expressiver Stil ist stark von Italien beeinflusst.° Wenn auch immer noch religiöse Themen die erst vor kurzer Zeit von den Niederländern erfundene° Ölmalerei beschäftigten, so sind die doch umrahmt° von Landschaft und Szenen des täglichen Lebens dieser spätgotischen Künstler, wie Michael Pacher, Stephan Lochner und Konrad Witz. Sie verbinden Naturalismus mit dramatischer Kraft und sind oft Maler, Bildhauer° und Holzschnitzer° in einer Person. Martin Schongauer ist ein repräsentativer Meister der neuentdeckten Graphik (Holzschnitt, Kupferstich°) und ein hervorragender Landschaftsmaler.

Die beiden grössten Künstler dieser Stilepoche sind Tilman Riemenschneider und Veit Stoss, beide aus Franken stammend, die neben anderen Arbeiten die herrlichsten Triptychen° geschnitzt haben. Riemenschneiders schönstes Werk ist der Marienaltar in der Creglinger Herrgottskirche, eine virtuose Schnitzarbeit, die die Himmelfahrt der Gottesmutter und Szenen aus ihrem Leben darstellt.° Viele andere Skulpturen befinden sich in seiner Heimatstadt Würzburg.

Der Nürnberger Veit Stoss hat einen wunderbaren Marienaltar für den Bamberger Dom geschaffen. Seine wichtigsten Werke sind in verschiedenen Kirchen Nürnbergs und im dortigen Germanischen Museum. Ein anderes berühmtes Kunstwerk von Stoss, der „Kruzifixus", ist in Rottweil erhalten.

Evangelium (n)
  Gospel

erhalten preserve

Reiter (m)
  horseman
Stifterfigur (f)
  figure portraying a
  founder or donor

beeinflussen
  influence

erfinden invent
umrahmen frame

Bildhauer (m)
  sculptor
Holzschnitzer (m)
  wood carver
Kupferstich (m)
  copper engraving

Triptychon (n)
  triptych

darstellen
  represent, depict

Ein Juwel der deutschen Renaissance ist das Reiche Tor in Bamberg
genannt worden.

Albrecht Dürer, grosser Maler und Graphiker, malte im Alter von
28 Jahren dieses Selbstbildnis.

Um 1500 erlebte die alte Patrizier- und Handelsstadt Nürnberg ihren kulturellen Höhepunkt. Der grosse Maler und Graphiker Albrecht Dürer, dessen 500-jähriger Geburtstag 1971 gefeiert wurde, war von seiner ersten Studienreise nach Italien zurückgekehrt und schuf noch unter dem Einfluss der venetianischen Renaissancemaler seine Porträts, Selbstbildnisse und religiösen Gemälde. Er war aber vor allem ein Zeichner,° und seine stärksten Leistungen sind Illustrationen, Holzschnitte (Apokalypse, Marienleben), Radierungen° und Kupferstiche.

Zeichner *(m)* draftsman

Radierung *(f)* etching

Sein Zeitgenosse Matthias Grünewald, der den berühmten Isenheimer Altar in Colmar und die „Madonna im Blumengarten" in der Pfarrkirche des kleinen schwäbischen Dorfes Stuppach gemalt hat, steht kaum unter dem Einfluss der Renaissance. Er hat einen sehr persönlichen, ekstatisch-expressiven Stil und ist darin dem Meister der Donauschule Albrecht Altdorfer mit seinen romantischen hell-dunklen Landschaften verwandt.

Weitere bedeutende Repräsentanten dieser Epoche sind die sehr naturalistischen Porträtisten Lucas Cranach und sein Sohn gleichen Namens, Hans Baldung-Grien und Hans Holbein der Jüngere, der mit seinen Holzschnitten einen neuen sachlichen Illustrationsstil eingeführt hat.

Nach 1550 hört diese grosse Zeit der deutschen Malerei auf. Das Barock hat nur unbedeutendere Dekorationsmaler hervorgebracht, und erst in der Romantik treten Anfang des 19. Jahrhunderts, mit Caspar David Friedrich und Philipp Otto Runge, wieder stärkere Persönlichkeiten hervor.°

hervortreten come to the fore

In der zweiten Hälfte des 19. Jahrhunderts liegen die Anfänge des deutschen Impressionismus, als dessen Vorläufer° Wilhelm Leibl zu nennen ist. Beeinflusst vom französischen Impressionismus wird versucht, eine neue Wirklichkeitsdarstellung zu entwickeln, bei der Farbe und Form wichtiger sind als der Inhalt. Man will den Eindruck, die Impression des Objektes festhalten, wobei das Objekt selbst uninteressant ist. Das Bewegte, das Veränderliche der Erscheinung° soll gezeigt werden. Wenn auch die deutschen Impressionisten wie Max Liebermann, Wilhelm Trübner, Karl Schuch, Lovis Corinth und Max Slevogt die schwebende, atmosphärische Leich-

Vorläufer *(m)* predecessor

Erscheinung *(f)* appearance, phenonmenon

tigkeit° ihrer französischen Kollegen nicht erreichten, so schufen sie doch manche guten Kunstwerke reiner Malerei.

Ein relativ kurzes Leben hatte der Jugendstil, so genannt nach einer liberalen Münchner Zeitschrift. Er wurde um die Wende des 19. Jahrhunderts hauptsächlich im Kunstgewerbe,° in der Buchillustration und Innenarchitektur wirksam° und basierte auf der Entwicklung des Ornaments aus stilisierten Tier- und Pflanzenformen und langgestreckten,° geschwungenen Linien. In Amerika ist er in den „psychedelic ornaments" der Bewegung der 60er Jahre wiederauferstanden.°

Die wahre Revolte der jungen Kunst, übrigens nicht nur in der Malerei, begann in den Jahren vor dem Ersten Weltkrieg und noch intensiver in den 20er Jahren mit dem Expressionismus. Diese Richtung, die sich aus der Opposition zum Impressionismus unter dem Einfluss van Goghs, Gauguins und Munchs entwickelt hatte, negierte die Realität in Form und Farbe und wollte durch verstärkten Ausdruck zum Wesentlichen des Bildthemas vordringen.°

Zu ihren bedeutendsten Vertretern gehören unter den Malern Franz Marc, mit seinen fast noch romantischen Tierbildern, Willy Jäckel, Karl Schmidt-Rottluff, Emil Nolde, Karl Hofer, Ludwig Kirchner, Max Pechstein, Max Beckmann, Oskar Kokoschka, Lyonel Feininger und—wohl der bedeutendste von ihnen—Paul Klee. Die beiden letzteren waren auch Mitglieder des schon erwähnten Bauhauses. Paul Klees zauberhaft verspielte Abstraktionen sind inzwischen auch in den USA durch viele Reproduktionen bekannt geworden.

In der Plastik ist der deutsche Expressionismus durch Ernst Barlach mit seinen mystischen, fast gotischen Figuren, Wilhelm Lehmbruck mit seinen überschlanken Gestalten, Rudolf Belling und Alexander Archipenko vertreten. Die Arbeiten der beiden letzteren sind ganz abstrakt.

Was die Expressionisten gemeinsam hatten,° war mehr oder weniger ihr negatives Programm—Opposition gegen Tradition und das bürgerliche „establishment"—und das allein hält nicht lange zusammen. Wenn es auch „Schulen", oder sagen wir lieber Nachahmer° gab, basierte die ganze Richtung stärker als je zuvor auf dem individuellen Stil des Einzelnen. Und so ging jeder seinen

Leichtigkeit *(f)*
ease, lightness

Kunstgewerbe *(n)*
arts and crafts
wirksam effective, active
langgestreckt
elongated

wiederauferstehen
resurrect

vordringen
advance, penetrate

gemeinsam haben
to have in common

Nachahmer *(m)*
imitator

Matthias Grünewalds einzigartiges Marienbild ist jetzt in einer
Pfarrkirche bei Bad Mergentheim zu sehen.

Der individuelle Stil von Käthe Kollwitz ist an diesem „Trauernden Ehepaar" zu erkennen.

eigenen Weg, der vom Nihilismus des Dada über den Kubismus zum Rein-Abstrakten und Ornament, und schliesslich zum Surrealismus (Max Ernst, Walter Gilles, Heinz Trökes) führte.

Es ist kein Stillstand; die Entwicklung geht weiter. Wohin sie führen wird, kann niemand voraussagen.

Fragen

1. Wodurch wurde die deutsche Spätgotik stark beeinflusst?

2. Was hat der Nürnberger Veit Stoss geschaffen?

3. Wessen 500-jähriger Geburtstag wurde 1971 gefeiert?

4. Wann begann der deutsche Impressionismus?

5. Worauf basierte der expressionistische Stil?

Dieses Bild von George Grosz, „Die Stützen der Gesellschaft", ist eine Karikatur der Gesellschaft zur Zeit der Weimarer Republik.

Von Bach bis Hindemith

Es ist wieder die christliche Kirche, die uns die erste Information über Musik in Deutschland gibt. Der einstimmige° gregorianische Kirchengesang wurde zur Zeit Karls des Grossen aus Italien eingeführt und entwickelte sich im Laufe der nächsten Jahrhunderte zum mehrstimmigen° Choral. Daneben entstand im frühen Mittelalter aus dem Volkslied der Kunstgesang der ritterlichen Minnesänger,° der schliesslich in den bürgerlich-städtischen Meistergesang überging.

einstimmig
homophonic

mehrstimmig
polyphonic

Minnesänger *(m)*
troubadour

Erst um die Mitte des 16. Jahrhunderts wird die Polyphonie der Niederländer auch in Deutschland übernommen und entwickelt sich hier bald durch die Kantaten, Passionen und Orgelwerke von Komponisten wie Schütz, Schein, Scheidt und später auch Buxtehude und durch den lutherischen Choralgesang zu dem eigenen deutschen Stil einer strengen Kontrapunktik.°

Kontrapunktik *(f)*
art of counterpoint

Auf diesem Boden bauten die beiden Grossen des deutschen Barocks, Bach und Händel (beide 1685 geboren), ihre unvergänglichen° Werke auf.

unvergänglich
everlasting

Johann Sebastian Bach stammte aus Thüringen, dem Herzen Deutschlands, wo seine Vorfahren seit mehreren Generationen als Musikanten und Organisten tätig gewesen waren. Sein Leben war relativ ereignislos.° Teils als Organist, teils als Kapellmeister° an kleinen Fürstenhöfen kam er nie über Mittel- und Norddeutschland hinaus und führte im Kreise seiner grossen Familie ein einfaches, bescheidenes Leben. Die Wurzeln der Bachschen Kunst liegen im protestantischen Kirchenlied. Trotz der Last seiner Berufspflichten° schuf er still und unermüdlich sein gewaltiges Werk. Wenn man dazu bedenkt,° dass ein grosser Teil seiner Kompositionen verlorengegangen ist, so fragt man sich, wie er überhaupt die Zeit allein zur Niederschrift all dieser Werke gefunden hat.

ereignislos
uneventful

Kapellmeister *(m)*
conductor

Berufspflicht *(f)*
occupational duty

bedenken consider

In seinen Orgel-, Instrumental- und Chorwerken hat Bach nicht nur den überlieferten Stil des Kontrapunkts zu einer ungeahnten,° vergeistigten Vollendung geführt, sondern auch durch neue, kühne° harmonische Kombinationen eine zeitlose Musik geschaffen, die weit über das Barock hinausreicht. Aus der Fülle seiner Werke seien hier nur die beiden herrlichen Passionen, die gewaltige Messe in H-moll,° die Brandenburgischen Konzerte, die

ungeahnt
unthought-of

kühn bold

H-moll *(n)* B minor

Johann Sebastian Bach betrachten viele Leute als den grössten aller
Komponisten.

48 Preludien und Fugen des „Wohltemperierten Klaviers" und sein unvollendeter Schwanengesang,° „Die Kunst der Fuge", genannt.

Schwanengesang *(m)* swan song

Georg Friedrich Händel, dessen Musik bei aller Klangschönheit° und technischer Vollkommenheit doch nicht die verinnerlichte° Tiefe Bachs erreichte, ging früh nach England, wo er mit seinen Opern und Oratorien („Messias") grossen Erfolg hatte. Er ist ein echtes Kind des Barocks, während Bach, wenn man ihn überhaupt in eine Stilperiode einreihen° will, spirituell viel mehr zur Gotik gehört.

Klangschönheit *(f)* beauty of sound
verinnerlicht introspective

einreihen classify

Die grosse Zeit der deutschen Musik, die ihr Weltgeltung° brachte, fängt mit der Wiener Klassik an. Joseph Haydn (1732–1809) schuf die Sonatenform, in der ein oder mehrere Themen nach einem bestimmten Schema entwickelt werden, und damit eine Grundlage für seine über hundert Sinfonien und Sonaten. Er wird der Vater des Streichquartetts° genannt, für das er 83 Werke geschaffen hat, die sich ihre Originalität und Frische bis heute erhalten haben. Er komponierte auch als erster weltliche Oratorien wie „Die Schöpfung"° und „Die Jahreszeiten".

Weltgeltung *(f)* world recognition

Streichquartett *(n)* string quartet

Schöpfung *(f)* creation

Der um 24 Jahre jüngere Wolfgang Amadeus Mozart begann seine musikalische Karriere als pianistisches Wunderkind° und schrieb sein erstes Singspiel° mit 12 Jahren. Als ob er geahnt hätte, dass ihm kein langes Leben bevorstand (er starb mit 35 Jahren), komponierte er, wie von einem Dämon besessen,° in rastloser Folge mehr als 600 Werke von einer göttlichen Klarheit und einer Heiterkeit, die manchmal von einem melancholischen Ernst überschattet ist. Seine drei unvergleichlichen Opern, „Figaros Hochzeit", „Don Giovanni" und „Die Zauberflöte",° sein Requiem und seine späte Kammermusik, vor allem die Streichquintette, sind absolute Höhepunkte der gesamten Musik.

Wunderkind *(n)* infant prodigy
Singspiel *(n)* light opera
besessen to be possessed

Zauberflöte *(f)* magic flute

Während Mozart, wenigstens nach aussen hin, ganz der Repräsentant seines Zeitalters, des sterbenden Rokokos, ein resigniert trauernder° Liebling der Götter zu sein scheint, so war Beethoven der revoltierende Titan. Er sprengte° die bestehenden Formen und schuf neue, die er mit seiner leidenschaftlichen,° emotionellen Musik füllte. Er war einsam und sehnte sich° nach Freundschaft und Liebe, ohne sie je zu finden. Und um seine Einsamkeit

trauern mourn

sprengen burst open
leidenschaftlich passionate
sich sehnen long, yearn

noch endgültiger° zu machen, überfiel ihn, der im Reich   **endgültig** final
der Töne lebte, schon in jungen Jahren eine unheilbare
Taubheit,° die ihn schliesslich ganz von der Aussenwelt   **unheilbare**
trennte. Aber er fand in seiner Kunst die Kraft, sein   **Taubheit** *(f)*
tragisches Schicksal zu tragen.   incurable deafness

    Beethovens Leiden° sublimierte sich in seinen Sinfo-   **Leiden** *(n)* suffering
nien und Sonaten, in seinen Instrumentalkonzerten und
Quartetten. Ohne sie je hören zu können, schuf er seine
herrliche Oper „Fidelio" und die beiden gewaltigen Spät-

Ludwig von Beethoven komponierte viele seiner grössten Werke,
nachdem er ganz taub geworden war.

werke, die „Missa Solemnis" und die „Neunte Sinfonie" mit dem Schlusschor „An die Freude". Vor seinem Tode erreichte er mit dem Mikrokosmos seiner letzten fünf Streichquartette eine überirdische° Perfektion, die seither nie wieder übertroffen wurde.

überirdisch supernatural

Eine besondere Tragik und ein grosser Verlust für die Menschheit liegt in dem Umstand,° dass die kurze Begegnung zwischen Goethe und Beethoven, den beiden grössten Geistern jener Zeit, so negativ endete. Der Komponist liebte und bewunderte den Dichter und verstand ihn aus tiefstem Herzen. Der alternde° Goethe erkannte zwar das Genie des andern, aber Beethovens Art war ihm fremd. Goethe hasste alles, was nach Romantik und Revolte aussah. Hätte er Beethoven verstanden, wäre uns vielleicht aus einer Zusammenarbeit der beiden das grösste Kunstwerk aller Zeiten geschenkt worden denn Beethoven suchte nach einem ihm genehmen° Operntext, und Goethe hatte oft nach einem kongenialen Komponisten Ausschau gehalten,° ohne ihn zu finden.

Umstand *(m)* fact

alternd senescent, growing old

genehm suitable

Ausschau halten look for

Beethoven war nicht das einzige musikalische Genie, das Goethe fremd blieb. Franz Schubert, von einigen noch zur Klassik, von andern schon zur Romantik gezählt, war wie Mozart ein unglaublich produktiver Komponist von unerschöpflichem° Melodienreichtum, dem ebenso wie Mozart ein früher Tod bevorstand. Schubert war vor allem der Meister des neuen deutschen Liedes, das sich aus dem Volks- zum Kunstlied entwickelt hatte. Aber er schrieb auch für die Welt der Sinfonie, des Klaviers und der Kammermusik unsterbliche° Werke. Robert Schumann, ein reiner Romantiker, und Felix Mendelssohn, mit seiner Musik zum „Sommernachtstraum" und seinem Violinkonzert, folgten seinen Spuren, wenn sie auch Schuberts Genialität nicht erreichten.

unerschöpflich inexhaustible

unsterblich immortal

Zur Neuromantik gehört Richard Wagner, der den Versuch machte, die Oper zu einem „Gesamtkunstwerk"° umzuformen, in dem die Musik der Hauptbestandteil° war. Wenn es ihm auch gelang, mit seinen melodramatischen Opernthemen aus Sage und Mythologie grosse Erfolge beim breiten Publikum zu erzielen,° so hatte seine Idee des „Gesamtkunstwerks" und der Programmusik einen eher negativen Effekt auf seine weniger talentierten Nachfolger.

Gesamtkunstwerk *(n)* total work of art
Hauptbestandteil *(m)* main ingredient
erzielen attain, secure

Johannes Brahms vereinigte romantische Charakteristika mit der klaren Form der klassischen Musik. Der etwas herbe Stil des Norddeutschen wurde auch durch seine Wahlheimat° Wien nicht sehr gemildert. Wir verdanken ihm grosse Orchester- und Chorwerke, edle Kammermusik und viele herrliche Lieder.

Wahlheimat (f) residence of one's choice

Wien ist nicht nur im 19. Jahrhundert mit bedeutenden Sinfonikern wie Bruckner und Mahler und dem produktiven Liederkomponisten Hugo Wolf ein musikalisches Zentrum geblieben. Auch im 20. Jahrhundert hat es sich mit der sogenannten Zwölftonmusik von Schönberg, Webern und Berg seinen Weltruf° erhalten. Auch Paul Hindemith muss noch erwähnt werden, der nach dem 1. Weltkrieg in Deutschland und während der Hitlerzeit in den USA komponiert und gelehrt hat. Über anfängliche Atonalität kehrte er zu einem neo-klassischen Stil zurück.

Weltruf (m) world renown

Welchen Weg die moderne Tonkunst einschlagen° wird, ist ebenso schwer zu prophezeien wie für die bildende Kunst. Wohin sie aus den experimentellen Sackgassen° der punktuellen und elektronischen Musik gehen wird, kann nur das Genie entscheiden, das hoffentlich die Lösung bringen wird.

einschlagen here: enter

Sackgasse (f) dead-end street

Fragen

1. Wer waren die beiden grossen Komponisten des Barocks?
2. Womit begann die grosse Zeit der deutschen Musik?
3. Welche Krankheit befiel Beethoven schon in jungen Jahren?
4. Wozu wollte Richard Wagner die Oper umformen?
5. Zu welchem Stil kehrte Paul Hindemith zurück?

Literatur—Strömungen

Die älteste deutsche Dichtung, die uns in Fragmenten erhalten ist, das Hildebrandslied, stammt aus dem 8. Jahrhundert. Es ist in althochdeutscher Sprache geschrieben und behandelt einen Kampf zwischen Vater und Sohn. Etwa in derselben Zeit entstand das Wessobrunner Gebet,° das die Erschaffung der Welt schildert, und an-

Gebet (n) prayer

dere fromme Dichtung. Die Mönchsliteratur des 10. und 11. Jahrhunderts gebrauchte die lateinische Sprache, so z.B. das Waltharilied, der Versroman° Ruodlieb und die Dramen der Nonne Roswitha von Gandersheim. Hierher gehören auch die kraftvollen „Carmina burana", die der Komponist Carl Orff in unseren Tagen vertont° hat.

Versroman (m) novel written in verses

vertonen set to music

Das Mittelhochdeutsche beginnt im 11. Jahrhundert und erreicht mit den Minnesängern Walther von der Vogelweide (lyrische Gedichte) und Wolfram von Eschenbach (Parzival-Epos) seinen Höhepunkt. Auch das Nibelungen- und das Gudrunlied finden hier ihre endgültige Form.

Mit der bürgerlichen Kultur der Städte, die das Rittertum ablöste,° entstanden im 15. und 16. Jahrhundert die auf biblischen Themen basierenden Laienspiele nach Art des Oberammergauer Passionsspiels, die lustigen° Fastnachtsspiele° und der Meistergesang, dessen Zentrum Nürnberg war. Zu diesen Meistersingern gehörte Hans Sachs, ein einfacher Schuhmacher, der zahllose Dramen und Meistergesänge und etwa 1 500 Schwänke° verfasst hat, die zum grössten Teil verlorengegangen sind. Von Albrecht Dürer sind lebendige Tagebücher und eine Biographie des Ritters Götz von Berlichingen erhalten, die den jungen Goethe zu seinem ersten Drama angeregt° hat.

ablösen supersede

lustig gay
Fastnacht (f) carnival

Schwank (m) farce

anregen inspire

In all diesen Jahrhunderten hat sich das Volkslied mehr und mehr ausgebreitet und hat auch die lyrische Dichtung immer wieder beeinflusst. Welch grossen Einfluss Luthers Bibelübersetzung auf die Vereinheitlichung° der Sprache und damit auch auf die ganze deutsche Literatur gehabt hat, wurde bereits erwähnt. So kam vor allem die Lyrik mit dem Kirchenlied wie auch mit dem Liebesgedicht im 17. und 18. Jahrhundert zur vollen Blüte. In der Prosa ist vor allem der „Simplicissimus" von Grimmelshausen, der grosse Zeitroman des 30-jährigen Krieges, zu nennen, der 300 Jahre später Bertolt Brecht als Anregung zu seinem Drama „Mutter Courage" diente.

Vereinheitlichung (f) unification

Während des Barocks war ein allgemeiner Verfall der Literatur zu beobachten. Bombastische Übertreibung° machte eine neue Orientierung der Dichtung notwendig, die unter dem Einfluss der Aufklärung° zu Beginn des 18. Jahrhunderts begann. Literarische Zeitschriften nach englischen Beispielen entstanden und bemühten sich erzie-

Übertreibung (f) exaggeration

Aufklärung (f) enlightenment

herisch° um das bürgerliche Publikum. Der Rationalist Gottsched, Gellert mit seinen didaktischen Fabeln° und der pathetische Klopstock („Messias" und Oden) waren wichtige Vertreter dieser Reformbewegung. Zum erstenmal wurde Berlin ein Zentrum für die Literatur und Hamburg für das Theater während der kurzen Zeit, in der Lessing dort wirkte.

    Gotthold Ephraim Lessing (1729–81) war die bedeutendste Figur der deutschen Aufklärung. Sein scharfer, kritischer Verstand ist ein angenehmer Gegensatz zu der verschwommenen° Sentimentalität, die so oft eine Schwäche der deutschen Mentalität ist. Mit seinen ästhetischen Streitschriften° „Laokoon" und „Hamburgische Dramaturgie" schuf er die Basis für die neue Kunstanschauung.° Als Dramatiker schrieb er die beiden bürgerlichen Tragödien „Miss Sara Sampson" und „Emilia Galotti", das erste grosse deutsche Lustspiel° „Minna von Barnhelm" und das Versdrama „Nathan der Weise", in dem er voll Toleranz die Gleichwertigkeit° der drei monotheistischen Religionen lehrte. Vor allem sind die letzten beiden Dramen lebenswarm und mit meisterhafter Klarheit gebaut. Als erster befreite er das deutsche Theater von der Alleinherrschaft° der französischen Tragödie und Komödie und führte mit diesen beispielhaften Theaterstücken die kommenden Dramatiker auf den richtigen Weg.

    Die zweite Hälfte des 18. und der Anfang des 19. Jahrhunderts hat in der Literatur eine solche Fülle von Talenten hervorgebracht wie vorher und nachher wohl kaum eine Zeit. Neben Lessing ist zuerst Lichtenberg zu nennen, ein Physiker und Philosoph, der mit Kritik, Satire und klarem Stil Lessing am nächsten kommt. Zwischen Aufklärung und beginnender Romantik steht Herder, der einen starken Einfluss auf den jungen Goethe gehabt hat. Seine wichtigsten Arbeiten sind „Ideen zur Philosophie der Geschichte" und die „Stimmen der Völker in Liedern", eine Sammlung der Volkslieder aller Nationen.

    Die ziemlich exaltierte Bewegung des Sturm und Drangs° (Klinger, Lenz, Hamann) ist der Ausdruck der Passion und des Kraftgefühls einer neuen, revoltierenden Jugend, die sich in heute meist vergessenen aber damals sehr erfolgreichen melodramatischen Theaterstücken ausdrückte. Die einzigen Dramen des Sturm und Drangs, die ihre Zeit überlebt haben, stammen aus der Jugend der

---

erzieherisch educationally

Fabel (f) fable

verschwommen muddy

Streitschrift (f) polemical treatise

Kunstanschauung (f) perception of art

Lustspiel (n) comedy

Gleichwertigkeit (f) equivalence

Alleinherrschaft (f) monopoly

Sturm und Drang (m) storm and stress; period in literature

Einen gewaltigen Einfluss auf die Literatur Europas haben die
Werke von Johann Wolfgang von Goethe gehabt.

beiden grossen Klassiker Goethe („Götz von Berlichingen") und Schiller („Die Räuber").

Johann Wolfgang von Goethe (1749–1832) war ein Universalgenie. Sein unstillbarer° Wissensdurst trieb ihn, wie den Protagonisten seines Hauptwerkes, des „Faust", Gebiete zu erforschen, die eigentlich die Domäne von Spezialisten sind. Mineralogie, Physik (er schrieb eine „Farbenlehre", die gegen Newtons Theorien gerichtet war), vergleichende Anatomie, Botanik, Meteorologie, Archäologie, Geologie usw.—auf all diesen Gebieten war er nicht nur beschlagen,° sondern hatte darin zum Teil auch wichtige Forschungsresultate erzielt.

unstillbar unappeasable

beschlagen well-versed

Sein grösstes Werk, an dem er während seines ganzen Lebens immer wieder gearbeitet hat, ist das Versdrama vom Dr. Faust, der seine Seele dem Teufel verschrieben° hat. Goethes Faust repräsentiert den modernen Menschen der Zukunft—ruhelos, skrupellos, materialistisch, skeptisch und egoistisch. Erst zum Schluss wird Faust durch seinen Willen, eine gute Tat für die Menschheit zu vollbringen,° vor der Hölle gerettet. Noch im 19. Jahrhundert wurde die Faustfigur als Symbol der deutschen Art erklärt. Es zeigt die Universalität und den prophetischen Blick dieses grandiosen Werks, dass er in unserer Zeit ganz anders interpretiert werden kann.

verschreiben sign away, sell

vollbringen execute

Von Goethes Jugendwerken weckte der Briefroman „Die Leiden des jungen Werther", mit dem er sich selbst von einem unglücklichen Liebeserlebnis befreite, ein enormes Echo in ganz Europa. 1775 wurde der Dichter nach Weimar an den Hof des Herzogs° Karl August berufen, der sein Freund wurde. In den folgenden Jahren, und auch während eines fast zweijährigen Aufenthalts° in Italien, schuf er herrliche Gedichte, die Dramen „Egmont", „Iphigenie auf Tauris" und „Torquato Tasso". Es folgten naturwissenschaftliche Arbeiten, bis er, angeregt durch die Freundschaft mit Schiller, wieder zu dichten begann. Es entstand der Erziehungsroman „Wilhelm Meisters Lehrjahre", den er kurz vor seinem Tod mit den „Wanderjahren" fortsetzte. Ein bürgerliches Epos in Hexametern, „Hermann und Dorothea", spielt im fernen Wetterleuchten° der französischen Revolution.

Herzog (m) duke

Aufenthalt (m) stay

Wetterleuchen (n) sheet-lightning

Schillers Tod (1805) schuf für Goethe eine Lücke,° die keiner seiner Bekannten und Korrespondenten ausfüllen konnte. In seiner wachsenden Einsamkeit schrieb er die

Lücke (f) gap

grossartige° Selbstbiographie „Dichtung und Wahrheit". In seinen letzten Lebensjahren, angeregt durch die Bekanntschaft mit der altpersischen Lyrik und durch das Liebeserlebnis mit einer jungen Frau, dichtete er den unsterblichen „West-östlichen Divan", eine Paraphrase orientalischer Dichtkunst, angefüllt mit der Weisheit des Alters und der Glut° seiner späten Liebe.

grossartig imposing, grandiose

Goethe ist eine der widerspruchsvollsten° Figuren der Literatur-, vielleicht sogar der Weltgeschichte. In ihm vereint sich Klassik mit Romantik, Atheismus mit Frömmigkeit, Natur mit Kunst, Wärme mit Kälte, Gefühl mit Intellekt und der Patriotismus mit Weltbürgertum.° Und doch verbinden sich diese heterogenen Elemente in dem Genie zu einer solchen Einheit, wie sie in der Geschichte kaum wiederzufinden ist.

Glut (f) glowing fire, ardor
widerspruchsvoll contradictory

Weltbürgertum (n) cosmopolitanism

Friedrich von Schiller (1759–1805) war das stärkste und produktivste dramatische Genie der deutschen Literatur. Schon seine Jugenddramen („Räuber", „Kabale und Liebe") zeigen trotz ihres starken Pathos faszinierende Bühnenwirkungen,° die er im Höhepunkt seines Schaffens in den historisch-idealistischen Dramen („Wallenstein"-Trilogie, „Maria Stuart", „Jungfrau von Orleans" und „Wilhelm Tell") zu vollkommener Meisterschaft entwickelte. Seine Lyrik besitzt mit wenigen Ausnahmen nicht die spontane, natürliche Kraft der Goethischen Gedichte. Weltbekannt ist Schillers „Lied an die Freude" durch die Vertonung im Schlusschor von Beethovens 9. Sinfonie geworden. Bedeutend° sind auch seine historischen Arbeiten über den Abfall der Niederlande und den 30 jährigen Krieg.

Bühnenwirkung (f) stage effect

bedeutend important, outstanding

Aus der Periode zwischen Klassik und Romantik in der ersten Hälfte des 19. Jahrhunderts ragt der visionäre Lyriker Hölderlin mit seinen hymnischen Gedichten und dem Briefroman „Hyperion" hervor. Ein grosser Dramatiker, in der Form vor allem durch die antike Tragödie und Shakespeare beeinflusst, war Heinrich von Kleist. Sein humorvolles Lustspiel „Der zerbrochene Krug°", die klassische Tragödie „Penthesilea" und seine historischen Dramen „Käthchen von Heilbronn" und „Prinz von Homburg" sind auf der deutschen Bühne heute noch so lebendig wie einst.

Krug (m) pitcher, jug

Die Namen der deutschen Dichter der Romantik sind so zahlreich, dass sie in diese Übersicht° nicht alle hinein-

Übersicht (f) summary

Sogar in Amerika wird das Schauspiel „Wilhelm Tell", ein
Meisterstück von Friedrich von Schiller (oben), jährlich aufgeführt.

passen.° Viele ihrer Gedichte sind durch die Vertonungen
grosser Komponisten bekannter geworden als ihr eigener
Name, wie zum Beispiel Heines „Loreley" und Eichen-
dorffs „Mondnacht".

    Zwei bedeutende Schweizer Autoren, deren Prosa in
der zweiten Hälfte des 19. Jahrhunderts bekannt wurde,
sind Gottfried Keller und Conrad Ferdinand Meyer. Um
dieselbe Zeit schrieb Theodor Fontane in Berlin seine
Gesellschaftsromane.° Der produktivste und bedeutendste Repräsentant des Naturalismus, der zu Beginn des 20.
Jahrhunderts folgte, war der Dramatiker Gerhart Haupt-

hineinpassen fit in

Gesellschaftsroman
(m) novel dealing
with social
problems

Die Brüder Grimm, deren Denkmal in Hanau steht, wurden im
Volke besonders durch ihre Märchensammlungen bekannt.

mann. Als erfolgreicher Lyriker dieser Zeit ist der Prager
Rainer Maria Rilke zu nennen. Bekannter in Amerika ist
Rilkes Landsmann und Zeitgenosse° Franz Kafka geworden, der mit seinen phantastischen Romanen („Der Pro-
zess," „Das Schloss") und Kurzgeschichten ein Vorläufer
des Surrealismus genannt werden kann.

Zeitgenosse *(m)*
contemporary

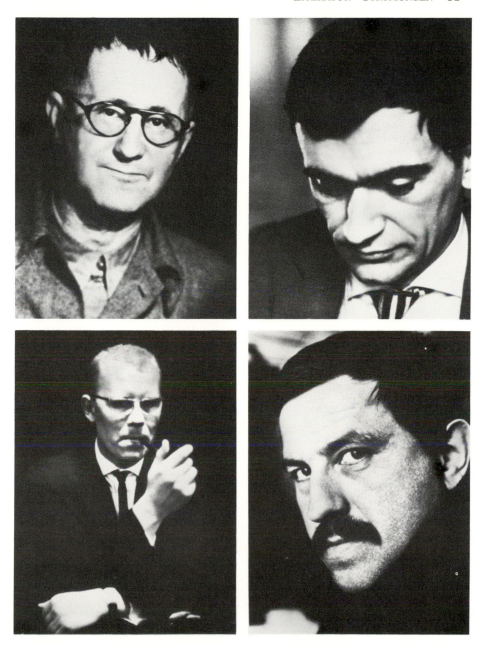

Ein Dramatiker und drei Romanschriftsteller der modernen
deutschen Literatur. *Oben:* Bertolt Brecht (l.), der Dramatiker, und
Gerhard Zwerenz. *Unten:* Uwe Johnson (l.) und Günter Grass.

Mit Thomas Mann (1875–1955) erreichte der deutsche
Roman noch einmal einen Höhepunkt. „Die Budden-
brooks" schildert den Verfall° einer alten Patrizierfamilie.   **Verfall** *(m)* decline
Im „Zauberberg" gibt Mann eine grandiose Analyse des

Oben: Siegfried Lenz, einer der populärsten modernen Autoren.
Unten: Christa Wolf aus der früheren DDR ist jetzt in ganz
Deutschland bekannt. Hier erhielt sie die Ehrendoktorwürde der
Universität Hildesheim.

morbiden Europas vor dem 1. Weltkrieg. Seine „Joseph"-
Romane behandeln mit farbiger Lebendigkeit und der
amüsanten Ironie, die ein Charakteristikum seiner Prosa
ist, ein biblisches Thema. „Doktor Faustus", während
Manns Emigration in Amerika entstanden, schildert mit
dem Schicksal eines dämonisch-genialen Komponisten
die deutsche Apokalypse, die zur Hitlerzeit führte.

Das dramatische Werk Bertolt Brechts und seine starke
didaktische Lyrik sind um fast ein halbes Jahrhundert
später auch in den USA bekannt geworden („Drei-
groschenoper", „Kaukasischer Kreidekreis", „Mutter
Courage"). Von der revolutionären Form des Brechtschen
Theaters hat der zeitgenössische, hochbegabte° Dramati- **hochbegabt** greatly
ker Peter Weiss („Marat") gelernt.   talented

Um nur einige Namen von vielen zu nennen, seien
schliesslich aus der jüngeren Literatur noch die Schweizer Dramatiker Dürrenmatt und Frisch, der rheinländi-
sche Romancier° Heinrich Böll und Günther Grass er- **Romancier** *(m)*
wähnt,° dessen Roman „Die Blechtrommel" auch ein   writer of novels
grosser Filmerfolg wurde. Er gilt als ein Meister der **erwähnen** mention
bildhaften° Sprache. Dem Schriftsteller Siegfried Lenz **bildhaft** expressive
wurde 1988 ein besonderer „Friedenspreis" verliehen.

Seit der Wiedervereinigung wurden auch Schriftsteller
wie Christa Wolf über die frühere DDR hinaus im ganzen
deutschen Sprachgebiet bekannter. Von den nicht deutschen Autoren sind besonders die Russen Tolstoi und
Dostojewski beliebt, während von den Amerikanern
immer noch Ernest Hemingway als der populärste
Abenteuer-Autor gilt.

Fragen

1. Wer war Hans Sachs?

2. Wer befreite das deutsche Theater von der
   Alleinherrschaft der Franzosen?

3. Wen repräsentiert Goethes Faust?

4. Welcher moderne Dramatiker wurde auch in den
   USA bekannt?

5. Welche Autorin aus der früheren DDR wurde nach
   der Wiedervereinigung im deutschen Sprachgebiet
   bekannter?

Forschung und Technik

Wie im frühen Mittelalter die Kirche in Deutschland Architektur und Kunst geweckt hatte, so war sie auch der Ursprung° der Philosophie, der Mutter aller Wissenschaften. Die Scholastiker, an erster Stelle der Begründer der Kölner Dominikaner-Universität Albertus Magnus und sein Schüler Thomas von Aquino, suchten die aristotelische Philosophie mit der christlichen Doktrin in Harmonie zu bringen. Albertus' Nachfolger, Meister Eckhart, ein tiefer Denker und Mystiker, verfasste eine Reihe deutscher Schriften (im Gegensatz zu dem sonst üblichen° Latein), in denen er eine Art pantheistischer Mystik verkündete.°

Ursprung *(m)* source, origin

üblich customary

verkünden proclaim, preach

Eine Generation nach ihm lehrte der spätere Kardinal und Bischof Nikolaus Cusanus (1401–1464) das „Wissen vom Nichtswissen" und die „Koinzidenz der Gegensätze". Für ihn war der Mensch, überhaupt jedes Ding, ein Mikrokosmos, ein Abbild des Universums. Er beschäftigte sich auch in genialer Weise mit Fragen der Mathematik, Physik, Geographie und des Rechts.

Mitte des 15. Jahrhunderts breitete sich an den neuen Universitäten Deutschlands der Humanismus aus, der schliesslich in die Reformation überging. Fast noch vielseitiger als Cusanus war etwa 200 Jahre später der grösste Philosoph des Rationalismus Gottfried Wilhelm Leibniz—Naturwissenschaftler, Diplomat, Mathematiker, Historiker, Sprachforscher, Jurist und Begründer der Berliner Akademie. Er erfand die Differential- und Integralrechnung, formulierte in der Physik die Bestimmung° der kinetischen Energie, konstruierte die erste brauchbare Rechenmaschine° und vieles andere mehr. Sein philosophisches System beruhte auf der Lehre von den unendlich kleinen „Monaden", aus denen die Welt besteht.°

Bestimmung *(f)* determination

Rechenmaschine *(f)* calculating machine

bestehen consist

Von Immanuel Kant (1724–1804) wurde mit seinem Kritizismus („Kritik der reinen Vernunft", „Kritik der praktischen Vernunft" usw., Kategorischer Imperativ) ein neues metaphysisches System, der transzendentale Idealismus, geschaffen, der einen sehr starken Einfluss auf die nächsten Generationen der deutschen Intelligenz hatte. Zu den Philosophen dieser idealistischen Epoche gehören Fichte, Schelling (romantische Naturphilosophie), Hegel (Dialektik) und Schopenhauer („Die Welt als Wille und Vorstellung", Pessimismus).

Johannes Gutenberg, der den Buchdruck erfand, hat damit dieses
Buch möglich gemacht.

Auf Hegels Dialektik und Geschichtsphilosophie basiert der Materialismus von Karl Marx, der mit Friedrich Engels den wissenschaftlichen Sozialismus schuf („Das Kapital"). Friedrich Nietzsches nihilistische Kritik an der bestehenden Gesellschaft und seine falsch verstandene Lehre vom „Übermenschen"° hatten einen stark negativen Einfluss auf die junge Generation und wurden später sogar von den Nationalsozialisten als Alibi übernommen.

Übermensch *(m)* superman

Stark unter dem Einfluss des mystisch-christlichen Pessimismus von Kierkegaard steht die moderne Existentialphilosophie von Martin Heidegger und Karl Jaspers, deren bittere Kritik am menschlichen Dasein° in einer nihilistischen Metaphysik landet.

Dasein *(n)* existence

Zum Fortschritt der Naturwissenschaften haben viele deutsche Gelehrte beigetragen. Nikolaus Kopernikus (1473–1543) bewies, dass die Erde und die übrigen Planeten sich um die Sonne drehen, und widerlegte damit das ptolemäische Weltbild. 1609 entdeckte Johann Kepler, dass die Sterne sich in elliptischen Bahnen° bewegen, und dass das Universum geordnet ist. 1715 erfand Fahrenheit das erste Thermometer.

Bahn *(f)* here: orbit

Der grösste Experimentalchemiker seiner Zeit, Carl Wilhelm Scheele, entdeckte 1774 den Sauerstoff° und erkannte ihn als Element. Unter anderm beschrieb er auch schon die Reaktion, die das Licht bei Silberverbindungen° erzeugt, womit er eine Basis für die Photographie schuf. Er entdeckte ausserdem viele organische Säuren.° Der Begründer der vergleichenden Biologie, Johannes Peter Müller, lieferte wichtige Beiträge° zur Physiologie und Anatomie des Sehens und Hörens. Sein genialer Schüler Hermann von Helmholtz bewies das Gesetz von der Erhaltung der Energie und machte bedeutende Entdeckungen in der Akustik.

Sauerstoff *(m)* oxygen

Silberverbindung *(f)* compound of silver
Säure *(f)* acid

Beiträge liefern contribute

Der Mönch Gregor Mendel hatte bis 1866 eine Vererbungstheorie° entwickelt, die aber erst 1900 von anderen Gelehrten anerkannt wurde. Der ungewöhnlich produktive Chemiker Wöhler (1800–1882) isolierte als erster die Metalle Beryl und Aluminium und stellte synthetischen Harnstoff° her. 1895 entdeckte der Physiker Wilhelm Röntgen die Röntgenstrahlen.° Heinrich Hertz gab die mathematische Erklärung für elektromagnetische Wellen,° die später zum Radio führte.

Vererbungstheorie *(f)* theory of heredity

Harnstoff *(m)* urea
Röntgenstrahlen *(pl)* x-rays

Welle *(f)* wave

1900 entwickelte Max Planck seine Quantentheorie, auf der sich die moderne Physik aufbaut. 1905 veröffentlichte

Friedrich Nietzsches negative Philosophie übte einen starken
Einfluss auf die junge Generation seiner Zeit aus.

Albert Einstein seine Arbeit über die spezielle, 1916 über
die allgemeine Relativitätstheorie und übertrug° die   **übertragen** transfer
Plancksche Quantentheorie auf das Licht. In den 20er
Jahren schufen Sommerfeld, van der Laue, Born und des-
sen Schüler Heisenberg mit der Quantenmechanik die
Basis für die heutige Nuklearphysik.

Das Hitlerregime von 1933 bis 1945, das so lähmend auf
das ganze deutsche Geistesleben wirkte, verschonte° auch   **verschonen** spare
die wissenschaftliche Forschung nicht, die nun haupt-
sächlich für die Rüstung° und den Zweiten Weltkrieg   **Rüstung** (f)
arbeiten musste. Diese ganzen 12 Jahre brachten nur zwei   armament
positive Resultate hervor, wenn man sie so nennen will:

die Raketenforschung° Wernher von Brauns und Messer-
schmitts Konstruktion des Düsenflugzeugs.°

Auf dem Gebiete der Medizin ragte schon zwischen
dem Mittelalter und der Renaissance eine mächtige, pro-
blematische Gestalt empor.° Theophrastus Bombastus Pa-
racelsus von Hohenheim, wie er mit vollem Namen heisst,
war der Sohn eines Schweizer Arztes, studierte in Italien
Medizin und wanderte als Wunderarzt° durch ganz Mit-
teleuropa. Auf der Grenze zwischen Scharlatanerie und
Wissenschaft schuf er eine neue Heilkunde,° die in vielem
auf einer soliden wissenschaftlichen Basis aufgebaut war.
Zahlreiche naturwissenschaftliche und auch theologische
Schriften sind von ihm erhalten.

Raketenforschung
(f) rocket research
Düsenflugzeug *(n)*
jet plane

emporragen rise
up, stand out

Wunderarzt *(m)*
miracle doctor

Heilkunde *(f)*
therapeutics

Neues Teleskop der Carl Zeiss Gesellschaft, das einen noch weiteren
Blick ins Weltall ermöglicht.

1796 schuf der Arzt Hahnemann die Homöopathie. 1851 erfand der Physiker Helmholtz den Augenspiegel.° Um die Mitte des 19. Jahrhunderts begründete Rudolf Virchow die Lehre von der Zellularpathologie, wonach Krankheiten durch Störungen° in den Zellen verursacht werden. Einer der Schöpfer° der Bakteriologie war Robert Koch, der 1882 den Tuberkulosebazillus und später Cholera- und Malariaviren entdeckte. 1894 fand Emil von Behring das Diphterieserum, und im selben Jahr entwickelte Carl Ludwig Schleich die örtliche Betäubung.° Der grosse Chirurg° Ernst von Bergmann war einer der Pioniere der Asepsis und der Gehirnchirurgie.° Von der weltberühmten Wiener Schule sei nur noch Sigmund Freud, der Vater der Psychoanalyse, genannt, womit die Reihe der grossen Mediziner jedoch keineswegs erschöpft° ist.

Augenspiegel *(m)* ophthalmoscope

Störung *(f)* disorder

Schöpfer *(m)* creator

Betäubung *(f)* anesthetic

Chirurg *(m)* surgeon

Gehirn *(n)* brain

erschöpfen exhaust

Wenn wir schliesslich das Gebiet der Technik betrachten, so hat das Ende des Mittelalters zwei wichtige Erfindungen aufzuweisen,° über deren Konsequenzen man verschiedener Meinung sein kann. Um 1300 erfand der Mönch Berthold Schwarz das Schiesspulver° und hundert Jahre später Johannes Gutenberg den Buchdruck° mit gegossenen, beweglichen Metallettern. Bedeutend war auch die Nachricht, dass 1436, nach einem Winter mit starken Frösten, der Weinbau, der bis dahin in ganz Deutschland nur saure Weine von miserabler Qualität produziert hatte, in den meisten Gegenden eingestellt° und durch Hopfenanbau und Bierbrauen ersetzt wurde.

aufweisen show

Schiesspulver *(n)* gun powder

Buchdruck *(m)* book printing

einstellen here: discontinue

Im Jahre 1490 wurde die erste Drahtzieherei° in Nürnberg gegründet, in derselben Stadt, in der Martin Behaim drei Jahre später den ersten Globus konstruierte und Peter Henlein das „Nürnberger Ei", die erste Taschenuhr, erfand. 1651 erfand der Bürgermeister von Magdeburg die Luftpumpe,° mit deren Hilfe er Vakuumexperimente anstellte. Lukrativer war Johann Friedrich Böttgers neuentdeckte Methode zur Produktion von hartem Porzellan.° Sein Auftrag war gewesen, für König August den Starken Gold zu machen. Aber die Meissener Porzellan-Manufaktur, die 1710 zur Exploitation der Böttgerschen Erfindung gegründet wurde, brachte mehr ein° als die königliche Alchemistenküche.

Drahtzieherei *(f)* wire drawing workshop

Luftpumpe *(f)* pneumatic pump

Porzellan *(n)* china

einbringen yield

Vom 18. Jahrhundert an gab es so viele neue Erfindungen im deutschen Raum, dass man Bände damit füllen

Dieser Berliner Zug fährt automatisch.

könnte. Nur einige der wichtigsten seien hier kurz er-
wähnt: Werner von Siemens erfand den Dynamo und
Elektromotor und noch viele andere elektrotechnische
Geräte; Daimler, Benz und Diesel konstruierten die ersten
Fahrzeugmotoren.°

Fahrzeugmotor *(m)*
vehicle motor

Endlich, im Gebiet des Computers, kann der neue „Eurochip", nur 91 qmm gross, 4,2 Millionen Informationen speichern.° Er wurde von Siemens und Philips in deutsch-niederländischer° Kooperation entwickelt.

speichern store
niederländisch Dutch

Diese kurze Übersicht möge genügen, um zu zeigen, dass deutsche Wissenschaftler und Ingenieure einen grossen Teil zum Fortschritt der Menschheit beigetragen haben.

Fragen

1. Wer war Meister Eckhart?
2. Wann breitete sich der Humanismus aus?
3. Was erfand Fahrenheit im Jahre 1715?
4. Welche Theorie stammt von Albert Einstein?
5. Wer erfand den Dynamo und den Elektromotor?

Der neue „Eurochip".

Gastarbeiter in den Opel-Werken.

IV

Der Alltag in Deutschland

Nach dem vorstehenden Ausflug° in die deutsche Geschichte und Kultur können wir jetzt die Deutschen von heute näher betrachten. Beginnen wir mit der Jugend, weil sie die Zukunft von Deutschland gestalten° wird.

Über 50% der Einwohner Deutschlands sind nach 1940 geboren. Das heisst, dass die Mehrheit° aus ziemlich jungen Leuten besteht.

Welches sind die Ideale dieser Jugend, von der die Zukunft des Landes in der Mitte Europas abhängt? Sie will ihr eigenes Leben entscheiden, Fehler der Vorfahren° nicht wiederholen. Die heutige deutsche Jugend denkt nicht nationalistisch, sondern europäisch.

Wie die Jugend anderer Länder hat auch sie ihre Träume, aber keine Illusionen. Sie will das Schicksal ihres Landes mitbestimmen, aber in einer Form, die nicht auf Kosten von° Deutschlands Nachbarn geht. Sie glaubt an eine freies Europa mit gleichen Rechten und Pflichten für alle.

Ausflug (m) excursion

gestalten form, build up

Mehrheit (f) majority

Vorfahren (pl) ancestors

auf Kosten von at the expense of

Fragen

1. Wann sind über 50% der Deutschen geboren?
2. Was will die heutige Jugend nicht?
3. Was will sie mitbestimmen?
4. Auf wessen Kosten soll das nicht gehen?
5. Woran glaubt die deutsche Jugend?

Lektion° aus zwei Kriegen

Lektion *(f)* lesson

Erziehung und wirtschaftlicher Wohlstand—beide Faktoren haben einen Einfluss auf die politische Haltung° eines Volkes. Wie haben sie die Deutschen beeinflusst?

Haltung *(f)* attitude

Im letzten Vierteljahrhundert hat der deutsche Wohlstand, vor allem durch die fortgeschrittene Industrialisierung und den vergrösserten Welthandel,° eine vorher nie gekannte Höhe erreicht. In Europa liegt das deutsche Volkseinkommen° mit an der Spitze. Dies hat auch zu politischer Stabilität geführt.

Welthandel *(m)* world trade

Volkseinkommen *(n)* per capita income

Bei diesem Projekt hilft man den indischen Bauern, ihre Landwirtschaftsmethoden zu verbessern.

Die Mehrheit der deutschen Bevölkerung ist deshalb auch mit ihrem Regierungssystem° zufrieden. Sie hat wenig Sympathie mit den extremen Parteien, auf der linken wie auf der rechten Seite, gezeigt.

Regierungssystem *(n)* governmental system

Was Deutschlands Aussenpolitik° betrifft, so haben Umfragen° ergeben, dass die Deutschen auch in dieser Hinsicht ihre Lektion aus zwei Weltkriegen gelernt haben; denn sie erfuhren am eigenen Leibe, dass Krieg die schlechteste Lösung internationaler Konflikte ist.

Aussenpolitik *(f)* foreign politics
Umfrage *(f)* poll

Daher steht auch die Mehrheit der Bevölkerung hinter den Bemühungen ihrer verantwortlichen Staatsmänner, Ausgleiche° und Frieden mit anderen Völkern herbeizuführen. Deutschlands Mitgliedschaft° in der NATO, die es mit den anderen Westmächten° verbindet, und sein Nichtangriffspakt mit der Sowjetunion haben im deutschen Volke mehr Zustimmung° als Ablehnung° gefunden.

Ausgleich *(m)* reconciliation
Mitgliedschaft *(f)* membership
Westmächte *(pl)* Western Powers
Zustimmung *(f)* consent
Ablehnung *(f)* repudiation

Auch politisch war Deutschland ja immer schon das „Land der Mitte", was manche Idealisten dazu geführt hat, es auch einen geistigen Vermittler° zu nennen. Schon Goethe sprach von einer „Weltliteratur", die sein Volk mit den geistigen Errungenschaften° anderer Nationen verbinden sollte. In unserem Jahrhundert war es Thomas Mann, der (in den „Betrachtungen eines Unpolitischen") sagte: „In Deutschlands Seele werden die geistigen Gegensätze Europas ausgetragen.°"

Vermittler *(m)* mediator
Errungenschaft *(f)* achievement

austragen settle

Dies gilt° heute mehr denn je, auch in politischer Hinsicht, und erst die Zukunft wird endgültig lehren, was die Deutschen aus ihrer Vergangenheit gelernt haben.

gelten be valid

Fragen

1. Wozu hat das hohe deutsche Volkseinkommen auch geführt?
2. Womit hat die Bevölkerung wenig Sympathien gezeigt?
3. Was erlebten die Deutschen am eigenen Leibe?
4. Was haben manche Idealisten Deutschland genannt?
5. Was wird, nach Thomas Mann, in Deutschlands Seele ausgetragen?

Leipzig zieht Millionen an.

Wirtschaft und Handel

Deutschland ist vor allem ein industrielles Land. Es verdankt seinen hohen Lebensstandard vor allem der Schwerindustrie° und dem Handel. Das oft gelobte „Wirtschaftswunder" war nur möglich durch den Fleiss seiner Bevölkerung und den Marshall-Plan der USA, der die im Krieg zerstörte Wirtschaft wiederaufbauen half.

    Von allen europäischen Ländern liefert Deutschland die meisten Maschinen, Fertigprodukte° und Chemikalien in andere Länder. Auch seine Produktion an anderen Gütern ist gross. Deutschland trägt auch stark zur Entwicklungshilfe° in den neuen Nationen Afrikas bei; dabei liegt es an zweiter Stelle hinter den USA.

    Seit der Einführung° der D-Mark als gemeinsame Währung° für ganz Deutschland haben bis zum Ende des Herbstes 1990 über 80 000 Ostdeutsche ihre Heimat verlassen und sind in das Gebiet der „alten" Bundesrepublik

Schwerindustrie *(f)* heavy industry

Fertigprodukt *(n)* finished product

Entwicklungshilfe *(f)* development aid

Einführung *(f)* introduction

Währung *(f)* currency

Auch in der Industrie gibt es viel Arbeit für Frauen.

gezogen. Diese Zahlen gingen in den folgenden Monaten stark zurück.

Auch waren viele Deutsche aus den früheren Ostblock-ländern° vor allem nach Westdeutschland gekommen. Ihre Zahl war allein im Jahr 1990 über 383 000. Die meisten von ihnen kamen aus der Sowjetunion, Polen und Rumänien. Zusammen mit Zuwanderern° aus anderen Ländern trafen mehr als eine Million Menschen während des ersten Jahres im wiedervereinigten Deutschland ein.

Ostblockland *(n)* East Block country

Zuwanderer *(m)* immigrant

Die Zahl der berufstätigen Frauen unter ihnen hat sich im ganzen Lande erhöht. In der Verwaltung und Indu-strie arbeiten über doppelt so viel Frauen wie vor dem Kriege.

Fragen

1. Wem verdankt Deutschland seinen hohen Lebensstandard?

2. Wodurch war das „Wirtschaftswunder" nur möglich?

3. Was liefert Deutschland am meisten in andere Länder?

4. Wie viele Zuwanderer gab es 1990 in Deutschland?

5. Wie hoch ist der Anteil der berufstätigen Frauen seit dem Kriege?

Klischee° und Wirklichkeit

Klischee *(n)* stereotype

Kehren wir nunmehr zur Lebensform° der Deutschen zurück. Worin unterscheidet sie sich von der Lebensform anderer Völker? Zuerst einmal, wie sehen die Deutschen aus?

Lebensform *(f)* way of life

Ist es wahr, dass alle Deutschen Lederhosen° tragen, blond und blauäugig sind und fast immer Sauerkraut essen und Bier trinken? Das ist das Bild, das im allgemeinen in Filmen gezeigt wird, die etwas mit Deutschen zu tun haben.

Lederhosen *(pl)* leather pants

Die Deutschen tragen ganz verschiedene Kleidung, moderne vor allem, die sie kaum von anderen Europäern unterscheidet. Und sie essen weniger Sauerkraut als die Franzosen und trinken weniger Bier als einige andere Europäer, wie zum Beispiel die Tschechoslowaken und Belgier.

Alles dies sind Symptome der fortschreitenden Europäisierung° Deutschlands. Eine westdeutsche Zeitschrift beschrieb diese Veränderungen kürzlich in einem Artikel, der von einem „typischen" jungen Deutschen namens Fritz handelte.

Europäisierung *(f)* Europeanization

„Fritz mag kein Sauerkraut mehr. Fritz trägt keine Lederhosen mehr. Fritz trägt keine hohen Stiefel° und schlägt nicht mehr seine Hacken° zusammen. Fritz mag weder den alten Kaiser noch irgendwelche anderen Kaiser. Fritz heisst gar nicht mehr Fritz. Und er sagt nicht mehr: jawohl!"

Stiefel *(m)* boot
Hacken *(pl)* heels

Ein ähnlicher Vergleich zwischen Klischee und Wirklichkeit liesse sich beim deutschen „Fräulein" machen. Die „typische" junge Deutsche, wurde behauptet,° heisst Elisabeth, lebt in einer Kleinstadt und ist protestantisch.

behaupten claim

Tatsache ist, dass von der jüngeren Generation kürzere Mädchennamen vorgezogen° werden, dass es fast so viele Katholiken wie Protestanten gibt und dass die Mehrzahl der Leute in deutschen Grosstädten lebt.

vorziehen prefer

Peter und Gabi sind ein typisches junges deutsches Ehepaar.

Ostdeutsche Studenten an westdeutschen Universitäten. Hier ist es ein Hörsaal der Kölner Universität, in dem sie ihre Studien fortsetzen.

Die regionalen Unterschiede° zwischen den verschiedenen Einwohnern Deutschlands sind oft grösser als die Ähnlichkeiten° zwischen ihnen. Deshalb scheint es dem Besucher, dass ein Norddeutscher mehr wie ein Engländer aussieht° als ein Süddeutscher, der vielleicht mehr wie ein Schweizer oder Österreicher aussieht.

Unterschied *(m)* difference

Ähnlichkeit *(f)* similarity

aussehen look like

Fragen

1. Welches Bild hat man von den Deutschen in vielen Filmen?
2. Was essen sie weniger als die Franzosen?
3. Trinken sie das meiste Bier in Europa?
4. Was für Symptome sind das?
5. Welche Unterschiede sind oft grösser?

Das Erziehungssystem°

Es gibt verschiedene Wege der Erziehung in Deutschland. Der Besuch eines Kindergartens in Deutschland ist freiwillig.° Mit sechs Jahren kommen die Kinder in die vier-

Erziehungssystem *(n)* educational system

freiwillig voluntary

jährige Grundschule,° wonach eine zweijährige „Orientierungsstufe"° folgt. Die Hälfte der Schüler geht dann vier Jahre zur Hauptschule.° Wer sie mit 15 Jahren verlässt, beginnt nach dem „Dual-System" eine praktische Lehre° und besucht auch noch bis zu seinem 18. Jahr eine Berufsschule.° Ein anderes Drittel besucht sechs Jahre die Realschule,° die für eine mittlere Karriere vorbereitet.°

Ein Abitur° von einem neunjährigen Gymnasium° ist die Voraussetzung° zum Studium an einer Universität. Ausserdem gibt es noch viele spezielle Schulen und Hochschulen.

Die Hochschulen sind mit wenigen Ausnahmen° staatlich. Es gibt technische Hochschulen, Pädagogische Hochschulen, Kunsthochschulen, Musikhochschulen, Sporthochschulen und Gesamthochschulen.

Grundschule *(f)* primary school
Orientierungsstufe *(f)* orientation stage
Hauptschule *(f)* secondary school
praktische Lehre *(f)* apprenticeship
Berufsschule *(f)* part-time vocational school
Realschule *(f)* intermediate school
vorbereiten prepare
Abitur *(n)* a document that certifies that one has passed the graduation exam
Gymnasium *(n)* secondary school
Voraussetzung *(f)* prerequisite
Ausnahme *(f)* exception

Einfluss der Comics: Neue Kinderbücher mischen Texte mit Bildern.

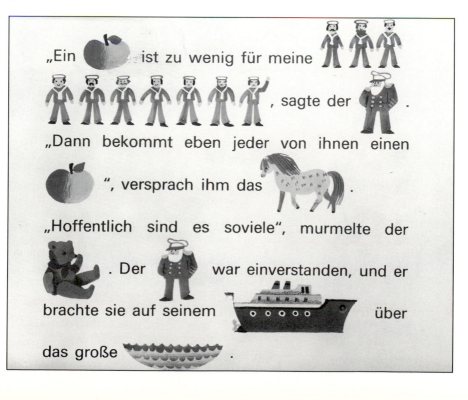

In Deutschland erprobt man neue Erziehungsmethoden, wie z.B.
diesen „antiautoritären Kindergarten".

Fragen

1. Gibt es nur einen Weg der Erziehung in Deutschland?

2. Muss jedes deutsche Kind in den Kindergarten gehen?

3. Wie viele Schüler besuchen die Hauptschule?

4. Worauf bereitet die Realschule vor?

5. Was muss man normalerweise haben, um an der Universität studieren zu können?

Fernsehen: Hobby Nr. Eins

Der Deutsche arbeitet gern, aber er liebt auch seine Freizeit.° In früheren Zeiten hiess es, die Deutschen leben, um zu arbeiten, aber die Franzosen arbeiten, um zu leben. Ob dies heute noch wahr ist, lässt sich bestreiten.°

Freizeit *(f)* leisure time

bestreiten argue

Mit der 38.5-Stunden-Woche hat der Deutsche zum ersten Mal in seiner Geschichte mehr Zeit zur Erholung als zur Arbeit. Was er mit dieser Zeit anfängt, ist selten ein Problem für ihn; denn ein Steckenpferd° hat fast jeder Mensch.

Steckenpferd *(n)* hobby

Drei Hobbies werden in Deutschland gross geschrieben:° Fernsehen, Reisen und Sport. Es gibt für jeden natürlich noch viele andere Arten, seine Freizeit auszufüllen. Die deutschen Theater sind meistens genau so gut besucht wie die Kinos; Museen und Büchereien° gibt es in fast jeder Stadt, und zum Wandern ist oft eine schöne Umgebung° vorhanden.

gross geschrieben werden be preferred

Bücherei *(f)* library

Umgebung *(f)* surroundings

Um mit dem Fernsehen zu beginnen—in der BRD gab es 2 Hauptprogramme. Acht verschiedene Stationen (ARD) boten das „Erste Programm", mit Nachrichten° aus Hamburg und dem Wetterbericht° aus Frankfurt. Das „Zweite Programm" wurde von einer Station (ZDF) gesendet, und das „Dritte Programm", das meistens aus kulturellen Sendungen bestand, wurde von vier Sendergruppen° geboten.

Nachrichten *(pl)* news
Wetterbericht *(m)* weather report

Sendergruppe *(f)* group of stations

Seit der Wiedervereinigung Deutschlands wird der Deutsche Fernsehfunk,° der in der DDR entstanden war,

Fernsehfunk *(m)* television network

bis zur Jahre 1992 seine alten Sendestationen behalten. Seine Programme sind den Programmen der früheren BRD-Sender ähnlich und stehen unter Verantwortung der neuen Bundesländer und des Landes Berlin.

Manche der grösseren Sendungen kommen über „Eurovision". Das sind Gemeinschafts-Programme,° die zur gleichen Zeit in verschiedenen Ländern Westeuropas gezeigt werden.

Gemeinschafts-Programm (n) joint program

Es gibt nur wenige Reklame° in den Programmen, das aus monatlichen TV-Gebühren° finanziert wird. Kabelsender° gibt es noch nicht so viele wie in Amerika. Die Programme sind reich gemischte° Nachrichten,° Informationen und Diskussionen; dazu kommen Filme, Konzerte, Theaterstücke° und Kinderprogramme.

Reklame (f) commercials, advertising
Gebühr (f) fee
Kabelsender (m) cable station
gemischt mixed
Nachricht (f) news
Theaterstück (n) play

Fragen

1. Was hat der Deutsche zum ersten Mal in seiner Geschichte?

2. Welche drei Hobbies werden in Deutschland gross geschrieben?

3. Wieviele Sendergruppen gibt es in Deutschland?

4. Woraus bestehen ihre Programme?

5. Wodurch werden alle deutschen TV-Programme finanziert?

Fussball,° Kino, Theater

Fussball (m) soccer

Fussball ist schon nicht mehr ein Hobby in Deutschland, sondern eher eine grosse Leidenschaft° des ganzen Volkes—ähnlich wie Baseball in den USA. Achtzehn Mannschaften° kämpfen jährlich um die Deutsche Meisterschaft.°

Leidenschaft (f) passion
Mannschaft (f) team
Meisterschaft (f) national championship

Fussball ist der populärste Sport.

Leichtathletik ist bei jungen Deutschen noch beliebter als bei
Amerikanern. Schulmannschaften, wie in den USA, gibt es in
Deutschland im allgemeinen nicht; die jungen Läufer und Springer
gehören Sportvereinen an.

Natürlich gibt es auch in Deutschland, wie in Amerika, noch viele andere Sportarten. Schwimmen, Tennis und Reiten gehören dazu, ebenso Segeln,° Fliegen, Kegeln, Auto-, Motorrad- und Pferderennen.°

Segeln (n) yachting
Pferderennen (n) horse race

Sogar das Kino° hat wieder neue Freunde gewonnen, nachdem es zuerst schien, als ob das Fernsehen es ganz verdrängt° hätte. Heim-Video-Filme,° die man zuhause spielen kann, haben auch das Interesse an ausländischen° Produktionen wiedererweckt.

Kino (n) cinema
verdrängen push aside
Heim-Video-Film (m) video cassette
ausländisch foreign

Nach einer längeren Pause nach dem Kriege gibt es auch wieder neue deutsche Filme von internationaler Bedeutung, die zum Teil auch im Fernsehen gezeigt werden. Junge deutsche Produzenten wie Herzog, Wenders und Fassbinder gewannen auch besonders in den USA einen guten Namen. Etwa 60% der in Deutschland gezeigten Filme kommen aus Hollywood.

Sehr erfolgreich sind jetzt auch die neuen deutschen Serienfilme,° die deutsche Geschichte oder das Alltagsleben zum Thema haben. „Heimat", eine Chronik von 11 Teilen, erschien in den 80er Jahren. Mit dem Epilog, der die Gegenwart schildert, wurde „Berlin Alexanderplatz" geboten—ein Rückblick° in 13 Teilen auf das Leben in der früheren Reichshauptstadt.

Serienfilm (m) film serial

Rückblick (m) review of the past

Die stets gefüllten Konzerthallen° bieten sowohl klassische als auch moderne Musik, zum Teil mit berühmten Gastdirigenten° aus europäischen Nachbarländern oder Amerika.

Konzerthalle (f) concert hall
Gastdirigent (m) guest conductor

Die öffentlichen Theater werden vom Staate subventioniert.° Daher ist es möglich, fast in jeder grösseren Stadt täglich eine Oper, ein Drama, eine Komödie, eine Operette oder ein Ballet zu sehen, ohne hohe Eintrittspreise° dafür zahlen zu müssen. Der Spielplan° der Theater ist klassisch und modern, dazu in der Auswahl° der Stücke so kosmopolitisch wie kaum irgendwo anders in der Welt.

subventionieren subsidize
Eintrittspreis (m) price of admission
Spielplan (m) repertoire
Auswahl (f) selection

Es scheint paradox, dass so viele amerikanische Musiker und Sänger in Deutschland ihre zweite Heimat gefunden haben. Die grossen Opernhäuser von Hamburg, München und Frankfurt beschäftigen immer wieder Künstler wie Barbara Bonney, Nan Christie, Gail Gilmore, Julie Kaufmann, und wenn man deutsche Operndirektoren fragt, so erfährt man, dass sie gern die niedrigere Gage° akzeptieren und den Enthusiasmus des deutschen Publikums geniessen.

Gage (f) salary

Szene aus dem Film „Männer", der auch in den USA gezeigt
wurde.

Philipp Moll, der grosse Konzertpianist, sagt es so: „Manchmal weiss ich nicht, ob ich in New York oder München bin. Ich bin fasziniert von der Vielfältigkeit° hier. Wo sonst wird so viel gute Musik gemacht?"

Vielfältigkeit (f) versatility

Sehr populär sind auch manche amerikanische Musicals geworden. „Cats" lief ein paar Jahre in Hamburg, auch „Phantom der Oper" ist sehr bekannt geworden, und „Starlight Express" hatte schon 1990 rund 700 000 Zuschauer in über 400 Aufführungen.°

Aufführung (f) performance

Fragen

1. Was ist Fussball in Deutschland geworden?
2. Was hat das Interesse an ausländischen Filmen neu erzeugt?
3. Wo werden zum Teil auch deutsche Filme gezeigt?
4. Was wird das ganze Jahr über in den Konzerthallen geboten?
5. Welche amerikanischen Theater-Produktionen sind auch populär geworden?

„Zahn um Zahn" hiess dieser im Ruhrgebiet gedrehte Film.

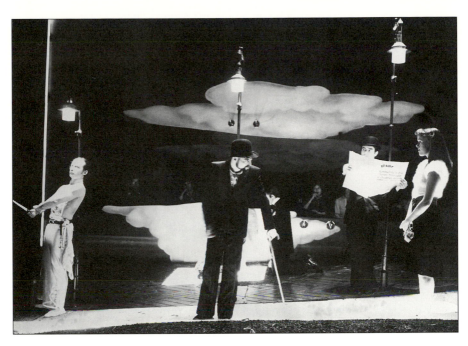

Ein surrealistisches Drama „Geschichten aus dem Wiener Wald"
hatte die Krise der 30er Jahre als Thema.

Einflüsse von Übersee

Jim, als ich ihn kürzlich wieder einmal traf und fragte,
was ihn sonst noch in Deutschland an Amerika erinnert
habe, lachte. „So vieles! Wo soll ich anfangen? Mit den
Ausdrücken, die man jetzt überall hört: "party", "hit
parade", "play back"? Die ähnliche Mode,° bei der Jeans **Mode** *(f)* fashion
besonders von Jugendlichen vorgezogen werden, wäh-
rend die Älteren mehr an formeller Kleidung festhalten?° **festhalten** cling to
Der Anblick von alten Volkstrachten° wird aber immer **Volkstracht** *(f)* folk
seltener. Nur noch manchmal, auf dem Lande und auf   costume
Volksfesten,° werden sie getragen, vor allem in Süd- **Volksfest** *(n)* folk
deutschland. Eine Ausnahme° ist das populäre „Dirndl",   festival
das in vielen Formen zu sehen ist und sogar ins Ausland **Ausnahme** *(f)*
exportiert wird.   exception

   „Gibt es noch den Schornsteinfeger° mit seinem **Schornsteinfeger**
schwarzen Zylinder°?", fragte ich. „Ja, der existiert   *(m)* chimney
noch", sagte Jim. „Und auch der Zimmermann,° der als   sweep
Wandergeselle° durchs Land zieht." **Zylinder** *(m)*
   In vieler Hinsicht hat sich also im modernen Deutsch-   top-hat
land das Alte mit dem Neuen verbunden. **Zimmermann** *(m)*
   carpenter
Wandergeselle *(m)*
   journeyman

Perücken gelten als neue „Pop-Art".

Sich „fit" essen wie in Amerika ist auch ein neuer Trend geworden. Seit 1990 werden alle „Light"-Produkte stark verlangt,° ob es Nahrungsmittel, Bier oder Zigaretten sind. Fruchtsäfte° gibt es mehr als früher, und Butter wird oft durch Margarine ersetzt. Joghurt und Frischkäse sind grosse „Schlager".°

verlangen demand

Fruchtsaft *(m)* fruit juice

Schlager *(m)* hit

Fragen

1. Was für amerikanische Ausdrücke hört man jetzt oft?

2. Wo tragen die Leute noch Volkstrachten?

3. Was hat sich miteinander verbunden?

4. Was für einen neuen „Trend" gibt es noch?

5. Was sind grosse „Schlager" im Essen geworden?

Diese jungen Pop-Musiker spielen Musik von Beethoven in einer
modernisierten Fassung.

Bei einem Ferienspiel „Kinderparadies" in Münster konnten sich
Mädchen und Jungen nach Herzenslust im Umgang mit Pinsel,
Farbe und Papier üben.

Was Ist Sonst Noch Anders?

„Was kann ich sonst noch berichten?", fragte Jim. „Von
der Freundlichkeit der Menschen auf den Strassen und in
den Restaurants? Man kann sich dort an irgendeinen
Tisch zu anderen setzen und ist immer willkommen,
auch als Fremder."

　Es gibt darin aber manchmal auch Unterschiede in den
verschiedenen Teilen Deutschlands. Im Norden sind die
Leute im allgemeinen etwas zurückhaltender,° während **zurückhaltend**
sie im Süden jovialer erscheinen. reserved, cautious

　„Gemütlichkeit° findet man aber überall", sagte Jim. **Gemütlichkeit** (f)
„Besonders in den Hotels und Gaststätten°." Auch einige congeniality
der historischen Schlösser° am Rhein sind jetzt Hotels **Gaststätte** (f) inn
geworden. Geister° und alte Ritter° aber findet man nicht **Schloss** (n) castle
mehr in ihnen … **Geist** (m) here:
spook, ghost
　Wer gutes Essen liebt, wird in Deutschland selten ent- **Ritter** (m) knight
täuscht° werden. Von der Nordsee bis zu den Alpen gibt **enttäuschen**
es in allen Gegenden besondere Spezialitäten, wovon disappoint
„Sauerbraten" und „Wiener Schnitzel" nur ein paar Beispiele sind.

　Im allgemeinen sind die täglichen Mahlzeiten° anders **Mahlzeit** (f) meal
als in den USA. Ein typisches Frühstück besteht aus

frischen Brötchen,° Marmelade und Kaffee. Gemüse und Kartoffeln gehören fast zu jedem Mittagessen und Abendbrot.° Statt Fleisch gibt es oft Käse, Fisch oder Eierspeisen.°

Brötchen *(n)* hard roll

Abendbrot *(n)* supper

Eierspeise *(f)* dish made from eggs

Auch Brot wird mehr gegessen. Dabei findet man mehr Schwarzbrot° als weisses Brot, weil Weizen meistens aus anderen Ländern nach Deutschland importiert werden muss.

Schwarzbrot *(n)* rye bread

Das grösste Fest des Jahres heisst entweder Fasching oder Karneval. Es wird mit viel Trinken und Tanzen, ähnlich wie der „Mardi Gras" zu New Orleans, gefeiert. Im Rheinland finden wie hier in Düsseldorf die Karnevalsumzüge statt.

Wasser trinkt man nicht beim Essen. Aber dafür gibt es eine Menge von anderen Getränken. Wein wird im Westen vorgezogen,° während im Süden im allgemeinen mehr Bier getrunken wird.

vorziehen prefer

Vor dem Trinken stösst man meistens an° und sagt „Prosit!", wenn man in Gesellschaft ist. Das erhöht dann die Gemütlichkeit.

anstossen make a toast

Auf Festen wird nach dem Essen getanzt. Ältere Leute tanzen noch meistens in Paaren, während junge Leute mehr getrennt voneinander bleiben, besonders, wenn „Deutscher Rock" gespielt wird. Der ist nicht viel anders als unserer in Amerika.

„Noch etwas anderes als hier?" fragte ich. „Ja, zum Beispiel, wenn sich Leute begrüssen!" sagte Jim. Das formelle „Sie" wird meistens für „you" gebraucht, und man ersetzt es nur unter Freunden und guten Bekannten° mit dem freundlich klingenden° „du".

Bekannte *(m)* acquaintance
klingen sound
Titel *(m)* title

„Und wenn du zu jemandem kommst, der einen Titel° hat, vergiss ihn nicht vor seinen Namen zu setzen. Professor Meier ist „Herr Professor Meier" und seine Frau ist die „Frau Professor"! Diese Freude an Titeln haben die Deutschen vor allem mit ihren westlichen Nachbarn, den Franzosen, gemeinsam.

Bei einer kürzlich gehaltenen Umfrage° darüber, was die älteren Leute in Deutschland über die junge Generation denken, sagten 56% von ihnen, dass die jungen Leute fleissig sind und auch Verantwortungsgefühl° zeigen. Der „generation gap" scheint also nicht zu gross zu sein.

Umfrage *(f)* poll

Verantwortungs-gefühl *(n)* sense of responsibility

Was die meisten Deutschen für die erstrebenswerte-sten° Ziele im Leben halten? Frische und Energie zu bewahren,° geliebt zu werden, nicht die Geduld zu verlieren und Reisen zu machen.

erstrebenswert worthy to strive for
bewahren keep up

Fragen

1. Was findet man nicht mehr in den historischen Schlössern?

2. Woraus besteht ein typisches deutsches Frühstück?

3. Wo wird Wein als Getränk vorgezogen?

4. Zu wem sagt man meistens „du" und nicht „Sie"?

5. Was halten die meisten Deutschen für erstrebenswert?

Deutsche und Ausländer beim Picknick.

Alltag und Ferien

Der Alltag im vereinigten Deutschland unterscheidet sich vielfach° von dem vergangener Zeiten. Die grössten Änderungen zeigen sich im Bild der Städte, in denen die Mehrzahl° der Bevölkerung lebt.

Busse und U-Bahn° ersetzen° mehr und mehr die Strassenbahn, vor allem in den Grosstädten. Fussgängerstrassen° aber, mit ihren vielen Geschäften und Cafés, sind für alle Fahrzeuge gesperrt.° Hier haben es die Deutschen lieber, sich zu Fuss zu bewegen.

Am interessantesten sind oft die Seitenstrassen° mit ihren kleinen Geschäften, in denen es praktisch alles zu kaufen gibt. In den meisten Städten gibt es auch noch Wochenmärkte,° wo man frische Lebensmittel° vom Lande einkaufen kann.

Auf den Landstrassen° aber, die ins Freie führen, herrscht täglich, und besonders am Wochenende, ein sehr lebhafter Autoverkehr. Geschwindigkeitsgrenzen° gibt es,

vielfach in many respects

Mehrzahl *(f)* majority
U-Bahn *(f)* (short for Untergrundbahn) subway
ersetzen replace
Fussgängerstrasse *(f)* pedestrian mall
gesperrt off limits
Seitenstrasse *(f)* side street
Wochenmarkt *(m)* weekly market
Lebensmittel *(pl)* produce
Landstrasse *(f)* highway
Geschwindigkeitsgrenze *(f)* speed limit

aber nicht auf den Autobahnen. Das führt natürlich zu einer hohen Zahl von Unfällen.°

An den Tankstellen° kann man kostenlos besondere Karten für Ausflüge° erhalten. Busfahrten „ins Blaue"° sind besonders populär, oder man fährt mit der Bundesbahn,° was immer noch die billigste Art zu reisen ist.

Ein alltägliches Bild auf den Bahnhöfen bietet der Aufsichtsbeamte° mit der roten Mütze, der die Abfahrt der Züge signalisiert—immer auf die Sekunde genau. Hier zeigt sich wieder einmal die bekannte deutsche Pünktlichkeit.°

Ausserdem gibt es viele Fahrrad- und Wanderwege,° die überall durch besondere Schilder angezeigt sind. Ganze Familien benutzen sie, um die oft schöne Umgebung mehr in Ruhe kennenzulernen.

Besonders in den Ferien sind auch diese Wege belebt.° Die deutsche „Wanderlust" ist so stark, dass man sie mit der amerikanischen vergleichen kann. Den Beweis° dafür sieht man überall im Lande an den zahlreichen Feiertagen° und in den Ferienzeiten. Jeder Arbeiter oder Ange-

Unfall (*m*) accident
Tankstelle (*f*) filling station
Ausflug (*m*) round trip
ins Blaue into the wild blue yonder
Bundesbahn (*f*) Federal Railways
Aufsichtsbeamte (*m*) station-master
Pünktlichkeit (*f*) punctuality
Fahrrad- und Wanderwege (*pl*) bicycle and hiking lanes
belebt crowded
Beweis (*m*) proof
Feiertag (*m*) holiday

Tanzgruppe am Schliersee in Bayern.

Der Weihnachtsbaum kam aus Deutschland, und noch jedes Jahr
wird Weihnachten mit einem Tannenbaum gefeiert.

stellte, einschliesslich der Gastarbeiter, hat in der Bundesrepublik das Anrecht° auf wenigstens drei Wochen
bezahlten Urlaub° im Jahr, der bis auf sechs Wochen
erhöht° werden kann.

Wer seine Ferien im eigenen Lande verbringen° will,
kann im „Zimmer Frei" Programm ein gutes Zimmer für
eine Nacht von 15 Dollar bis 30 Dollar erhalten. Noch
billiger ist der „Wunder-Hotel" Plan, der Mahlzeiten ein-

Anrecht *(n)* right,
   claim
Urlaub *(m)* vacation
erhöhen raise
verbringen spend

schliesst. „Trinkgeld"° ist nicht getrennt zu bezahlen; es **Trinkgeld** *(n)* gratuity
ist immer ein Teil des Preises. Telefon-Gebühren sind von
6 Uhr abends bis 8 Uhr morgens billiger, auch Gespräche
von öffentlichen Apparaten.

Man trifft heute deutsche Touristen fast in allen Län-
dern der Welt. Nur ein Drittel von ihnen verbringt die
Ferien zuhause, aber die beliebtesten Ferienziele sind
Teile von Deutschland selbst. Zu den populärsten anderen
Reiseländern gehören Italien, Spanien, Österreich, Frank-
reich, Jugoslawien und die Schweiz.

Auch „Kreuzfahrten"° auf Schiffen sind mehr in Mode **Kreuzfahrt** *(f)* cruise
gekommen. Anfang der 90er Jahre gaben deutsche Rei-
sende über 43 Millionen D-Mark jährlich im Auslande
aus.° Es machte sie zu den „Weltreise-Champions", die **ausgeben** spend
sogar die USA darin übertroffen° hatten. **übertreffen** surpass

Fragen

1. Wo zeigen sich die grössten Änderungen im Alltag?

2. Was ist immer noch die billigste Art zu reisen?

3. Wieviel bezahlten Urlaub gibt es mindestens im Jahr?

4. Was bekommt man im „Zimmer Frei" Programm für 15 bis 30 Dollar?

5. Welche Reiseländer sind in Deutschland populär?

Die Öffentliche Meinung°

öffentliche Meinung *(f)* public opinion

Die Deutschen lesen immer noch gerne, trotz Fernsehen
und Radio. Einer von zehn liest ein Buch zum Wochenende. Moderne Romane sind am beliebtesten.

Auf der deutschen „bestseller"-Liste stehen ausserdem
noch die Bibel, Kochbücher, der Atlas und das Lexikon.° **Lexikon** *(n)* encyclopedia
(Dies ist als ein Kommentar über den allgemeinen deut-
schen Bildungshunger° interpretiert worden.) **Bildungshunger** *(m)* craving for education

Hinzu kommen die vielen Zeitungen und Zeitschriften,
die täglich gelesen werden. Es gibt hunderte Tageszeitun-
gen, 300 illustrierte Zeitungen und über 150 Fachzeit-

Start in die Neue Welt.

schriften,° die man kaufen oder abonnieren° kann. Fast alle Familie lesen wenigstens eine Tageszeitung, manche mehrere.

Wie überall in der Welt, entstehen aus dem Lesen solcher Veröffentlichungen° und den Diskussionen, die auch im Radio und Fernsehen geboten werden, verschiedene Ansichten,° die man „öffentliche Meinung" nennt. Was sind einige dieser Ansichten?

Mit ihrer Situation sind die Deutschen im allgemeinen zufrieden. Eine Umfrage zeigte, dass 62% von ihnen glauben, wirtschaftlich sei es ihrem Land nie besser als jetzt gegangen.

„In welchem Land würden Sie am liebsten leben?" war eine andere Frage. Sie wurde von 65% mit „Deutschland" beantwortet, während unter den anderen Ländern die USA mit 8% an erster Stelle lagen. Die Schweiz folgte mit 7% und Schweden mit 3%.

Welche Berufe sind in Deutschland am meisten respektiert? Die Antwort war: Ärzte (84%), Geistliche° (49%), technische Ingenieure (41%), Erzieher, Atom-Physiker

Fachzeitschrift *(f)* special magazine
abonnieren subscribe to

Veröffentlichung *(f)* publication

Ansicht *(f)* point of view, opinion

Geistliche *(m)* clergyman

und Rechtsanwälte° (je 37%) und Apotheker° (34%). Dies zeigt den hohen Respekt vor geistigen Berufen, wie er in Deutschland immer existiert hat.

    Auch die deutsche Frau hat inzwischen Gleichheit° in der öffentlichen Meinung gefunden. Das Klischee ihrer Aufgaben, die alle mit einem „K" beginnen (Küche, Kinder, Kirche) existiert nicht mehr, da über ein Drittel der Frauen arbeitet. Auch heiratet man jünger als vor dem Kriege—Zeichen° einer früheren Reife?°

Rechtsanwalt *(m)* lawyer
Apotheker *(m)* pharmacist
Gleichheit *(f)* equality

Zeichen *(n)* sign
Reife *(f)* maturity

Fragen

1. Was für Bücher sind am beliebtesten?

2. Welche stehen ausserdem auf der „bestseller"-Liste?

3. Was lesen fast alle Familien?

4. In welchem Land möchten die Deutschen am liebsten leben?

5. Weshalb hat auch die deutsche Frau inzwischen Gleichheit in der öffentlichen Meinung gefunden?

Deutsche in Prozenten°

in Prozenten percentagewise

In einer Broschüre für Amerikaner sind die Einwohner der BRD in Prozentzahlen beschrieben. Weil sie eine amüsante° Illustrierung unserer Betrachtungen ist, soll diese Statistik hier in Übersetzung° folgen. (Man braucht aber nicht alles darin zu ernst zu nehmen.)

amüsant amusing
Übersetzung *(f)* translation

  1% der Männer spielt Golf,

  2% haben rotes Haar,

  3% kaufen Bücher nach der Bestseller-Liste,

  4% der Frauen machen Leibesübungen,°

  5% würden lieber in Schweden wohnen,

  6% fühlen sich im Winter am wohlsten,°

  7% reden zu viel im Kino,

  8% haben grüne Augen,

  9% der Männer lesen täglich in einem Buch,

10% aller Haushalte° haben einen Hund,

11% schmücken keinen Weihnachtsbaum,

12% sind aktive Mitglieder eines Sportklubs,

Leibesübungen machen exercise

am wohlsten the most comfortable

Haushalt *(m)* household

13% essen Eier zum Frühstück,

14% der Ehemänner° sind jünger als ihre Frauen,   **Ehemann** *(m)* husband

15% bewundern Politiker am meisten,

16% besuchten die höhere Schule,

17% fühlen sich Tag und Nacht von Lärm gestört,°   **stören** disturb

18% beschreiben ihre Gesundheit als „sehr gut",

19% der Arbeiter wären lieber Ingenieure,

20% möchten niemals ein Fussballspiel im Fernsehen verpassen,°   **verpassen** miss

21% der Familien besitzen einen Plattenspieler,

22% glauben, dass der Mond den Schlaf beeinflusst,

23% der verheirateten Frauen arbeiten,

24% haben graue Augen,

25% der Männer tragen einen Zylinder,

26% der Arbeiter machen oft Überstunden,°   **Überstunden machen** work overtime

27% kaufen Pfefferminz,°   **Pfefferminz** *(n)* peppermint

28% essen freitags Fisch,

29% tragen manchmal eine Brille,

30% trinken oft Sekt,°   **Sekt** *(m)* champagne

31% der Frauen laufen gerne Schlittschuh,°   **Schlittschuh laufen** ice-skate

32% haben im vergangenen Jahr kein Buch gelesen,

33% bejahen Sexualaufklärungs-Filme,°   **Sexualaufklärungs-Film** *(m)* sex education film

34% haben nur freundliche Nachbarn,

35% planen nicht, eine grosse Hochzeitsfeier° zu machen,   **Hochzeitsfeier** *(f)* wedding celebration

36% trinken selten „harte" Getränke,

37% der Frauen verfolgen Berichte über politische Fragen,

38% essen Marmelade,°   **Marmelade** *(f)* jam

39% glauben, dass Leute glücklicher auf dem Lande leben,

40% aller Facharbeiter° trinken jeden Tag Bier,   **Facharbeiter** *(m)* skilled worker

41% der Frauen machen zu Hause Näharbeiten,°   **Näharbeit** *(f)* sewing

42% glauben an ein Leben nach dem Tode,

43% haben ein Kochbuch,

44% sind katholisch,

45% sind für° Reklame,°   **sein für** to be in favor of

46% essen Dosengemüse,°   **Reklame** *(f)* advertising

47% der deutschen Bürger sind Männer,   **Dosengemüse** *(n)* canned vegetables

48% kaufen Notizbücher,°   **Notizbuch** *(n)* notebook

49% haben einen Garten,

50% der Männer verfolgen politische Berichte regelmässig,°   **regelmässig** regular

51% sind protestantisch,

52% gehören zu keinem Klub, keinem Verband° und keiner Organisation,

Verband *(m)* association

53% haben oft Kopfschmerzen,

54% schlafen manchmal beim Fernsehen ein,

55% der Angestellten° haben von ihrem Chef eine hohe Meinung,

Angestellte *(m)* employee

56% mieten ihr Haus oder ihre Wohnung,

57% finden es leicht, morgens aufzustehen,

58% der Studenten mögen keine elektronische Musik,

59% der Haushalte haben einen Medizinschrank,°

Medizinschrank *(m)* medicine cabinet
Ehefrau *(f)* wife

60% der Ehefrauen° heirateten aus Liebe,

61% hatten eine glückliche Kindheit,

62% der Männer gebrauchen Shampoo,

63% trinken frische Milch,

64% haben Filme mit „happy end" gern,

65% trinken schwarzen Tee,

66% aller Bauern benutzen ein Fahrrad,

67% abonnieren eine Tageszeitung,

68% aller Frauen benutzen Hautcreme,°

Hautcreme *(f)* skin cream

69% haben noch ihre eigenen Zähne,

70% der Angestellten sind für Betriebsausflüge,°

Betriebsausflug *(m)* company picnic

71% der Frauen waschen sich das Gesicht jeden Morgen mit Seife und Wasser,

72% benutzen Puddingpulver,°

Puddingpulver *(n)* powdered pudding mix
Badehosen *(pl)* swimming trunks
Schirm *(m)* umbrella

73% der Männer haben Badehosen,°

74% aller Familien haben ein Sparkonto,

75% haben einen oder mehrere Schirme,°

76% der Ehemänner würden dieselbe Frau wieder heiraten,

77% können radfahren,°

radfahren ride a bicycle

78% aller Männer trinken keinen Whisky,

79% der verheirateten Paare gehören derselben Kirche an,

80% sagen „Auf Wiedersehen" beim Abschied,

81% haben Kochbücher auf ihren Bücherborden,°

Bücherbord *(n)* book shelves
(sich) langweilen to be bored

82% langweilen° sich nicht an Wochenenden,

83% der Ehefrauen tanzen gern,

84% der Männer trinken Bier,

85% der Männer haben es gern, wenn Frauen Parfüm benutzen,

86% der Männer halten Heirat für eine notwendige Einrichtung,°

Einrichtung *(f)* institution

87% der verheirateten Paare sind in derselben Nachbarschaft° geboren,

Nachbarschaft (f) neighborhood

88% aller Haushalte von Facharbeitern haben ein Schlafzimmer,

89% aller Frauen mögen keine Wildwest-Filme,

90% der Haushalte haben ihre eigene Küche,

91% schmücken ihren Weihnachtsbaum mit Lametta,°

Lametta (n) tinsel

92% der Frauen tanzen Walzer,

93% der Frauen trinken keinen Wodka,

94% besitzen Polstermöbel,°

Polstermöbel (pl) upholstered furniture

95% essen Butter,

96% der Frauen haben einen Schirm,

97% haben irgendeine Art von Krankenversicherung,°

Krankenversicherung (f) health insurance

98% der Männer gehen zum Friseur,

99% der Haushalte verwenden Schuhwichse,°

Schuhwichse (f) shoe polish

100% haben einen Nabel.°

Nabel (m) navel

Jim brachte diesen Bericht von seinem Deutschland-Besuch mit. Natürlich dürfen Sie die obige Statistik nicht zu ernst nehmen …

Fragen

1. Wie sind die Deutschen in einer Broschüre für Amerikaner beschrieben?

2. Weshalb folgen diese Statistiken hier?

3. Welche Punkte der Statistik sind am interessantesten?

4. Welche Punkte zeigen Ähnlichkeiten mit dem Leben in den USA?

5. Welche Punkte zeigen Unterschiede zum Leben in den USA?

Übungen

A—Basic Verbs

The word *"Vertreter"* comes from the basic verb *"vertreten"*: represent. Find the basic verbs from which the following words used in the text are derived and give their English equivalent. (Example: *Beschützer—beschützen:* protect.)

Ablehnung
Angabe
Annahme
Anschluss
Anwachsen
Aufstellung
Aufteilung
Ausschluss
Austausch
Austritt
Beschützer
Betrachtung
Bevorzugung
Eingriff
Einmarsch
Einrichtung
Einstellung
Entwicklung
Erholung
Erklärung
Erleichterung
Emordung
Erneuerung
Errichtung
Erschöpfung
Erwachen
Erwerb
Erziehung

Förderung
Getränk
Herrscher
Hindernis
Lage
Modernisierung
Nachfolger
Rückgliederung
Sender
Sturz
Übernahme
Übersetzung
Unternehmung
Verbesserung
Vereinbarung
Vereinigung
Vergleich
Verhandlung
Vermittler
Veröffentlichung
Verschärfung
Vorzug
Wiederauferstehung
Zusammenbruch
Zusammenschliessung
Zustimmung
Zwang

B—Compounds

The word *"Bundeskanzler"* is compounded of *"Bund"* and *"Kanzler"*.
Make a list of as many compounds as you know from these words. (Example: *Bund—Bundesland, Bundesbahn, Bundesgesetz,* etc.)

Beruf	Minister
Bild	Natur
Bürger	Pakt
Erziehung	Politik
Fest	Präsident
Fürst	Reformation
Geschichte	Regierung
Graf	Rennen
Grenze	Reparation
Handel	Säule
Haupt	Schule
Holz	Staat
Industrie	Strasse
König	Theater
Krieg	Vertrag
Krise	Vieh
Kunst	Volk
Macht	Wirtschaft
Militär	Zeitung

C—Keywords

The keyword *"Autobahn"* has to do with *Auto, fahren, Strasse, Verkehr, Geschwindigkeit,* etc. Make up a list of words that have something to do with these keywords:

Abitur	Feindseligkeit
Ackerbau	Feldherr
Arbeitslosigkeit	Flüchtling
Atom	Gaststätte
Bundesbahn	Getränk
Bundesland	Grenzlinie
Einmarsch	Jahrzehnt

Krankenversicherung	Rundbogen
Kreuzfahrer	Sender
Kunstgewerbe	Sparkonto
Lehrplan	Staatsmann
Mannschaft	Tageszeitung
Mittelalter	Tankstelle
Mode	Temperatur
Näharbeit	Tiefland
Präsident	Weltpolitik
Romzug	Wochenmarkt

Ballade vorm Brandenburger Tor

(Melodie: *Joshua Fit de Battle of Jericho*)

Demonstration in Ost-Berlin
Und zum Westen drängt man hin,
Jubelnd geht's die Mauer rauf
Und man bricht sie langsam auf.

Polen war das erste Land,
Wo man sich zusammenfand.
Laut erklang dort ein Hurrah:
Solidarität ist da!

Ungarns Wand nach Österreich
Wurde plötzlich auch ganz weich.
Weiter ging's zum Westen hin,
Freiheit hatte man im Sinn!

Und am Brandenburger Tor
Stehn jetzt Tausende davor
Und laut hört man aus dem Schutt:
„Unsere Mauer geht kaputt!"

(I.M.W., / Jersey Village High School, Houston, Texas)

Vokabeln

In this alphabetically ordered vocabulary, most of the cognates and other words which can be easily recognized in their meaning have been omitted. The gender of the nouns is not indicated by articles, but by *m* (masculine), *f* (feminine) or *n* (neuter); *pl* means plural.

A

Abendbrot *(n)* supper
abendländisch occidental
abfangen to offset
Abitur *(n)* final exam at Gymnasium
Ablass *(m)* indulgence
Ablehnung *(f)* repudiation
ableiten derive
ablösen to supersede
abnehmen to remove
abonnieren to subscribe to
Abschluss *(m)* settlement
Abschlusszeugnis *(n)* final certificate
Abstand *(m)* distance
Abteikirche *(f)* abbey church
amtieren to officiate
Ackerbau *(m)* agriculture
Adel *(m)* nobility
Adlige *(m)* nobleman
Ähnlichkeit *(f)* similarity

Alleinherrschaft *(f)* absolute power; monopoly
allgemeine Wehrpflicht *(f)* compulsory military service
Alltag *(m)* everyday life
alternd senescent; growing old
Amtszeit *(f)* period of office
amüsant amusing
Andacht *(f)* devotion
Änderung *(f)* change
anerkennen to recognize
Anerkennung *(f)* recognition
anfertigen to make; produce
Angabe *(f)* assertion
Angestellte *(m)* *(f)* employee
angewandt applied
angliedern to attach
Anhänger *(m)* adherent
Anlass *(m)* cause
Anmut *(f)* charm
anregen to inspire
Anschein *(m)* semblance

Ansicht *(f)* point of view; opinion
anstossen to make a toast
Anwachsen *(n)* increase
Apotheker *(m)* pharmacist
Arbeitslosigkeit *(f)* unemployment
Atomphysiker *(m)* atomic physicist
Aufenthalt *(m)* stay
Aufklärung *(f)* enlightenment
auf Kosten von at the expense of
Auflösung *(f)* dissolution
aufrechterhalten to maintain
Aufsicht *(f)* supervision
Aufsichtsbeamte *(m)* station master
Aufstieg *(m)* rise
aufweisen to show
aufzehren to use up
Augenspiegel *(m)* ophthalmoscope
ausarbeiten to work out
(sich) ausbreiten to spread
Ausbreitung *(f)* spreading
Ausdauer *(f)* perseverance
Auseinandersetzung *(f)* dispute
ausgeben to spend
Ausgleich *(m)* reconciliation
Ausländer *(m)* foreigner
auslöschen to wipe out
Ausnahme *(f)* exception
Ausschau halten to look around
ausscheiden to withdraw
aussehen to look
Aussenhandel *(m)* foreign trade
Aussenpolitik *(f)* foreign politics
Ausspruch *(m)* saying
aussterben to die out; become extinct
Austausch *(m)* exchange
austragen to settle
Austritt *(m)* withdrawal

Auswahl *(f)* selection
auswandern to emigrate

B

Backstein *(m)* brick
Badehose *(f)* bathing trunks
Bahn *(f)* here: orbit
Beamtentum *(n)* officialdom
bedenken to consider
bedeutend important; outstanding
bedingt caused
bedrohen to threaten
beeinflussen to influence
befestigen to consolidate
begründen to furnish the basis
beispielhaft exemplary
beisetzen to bury
Beitrag *(m)* contribution
Bekannte *(m)* acquaintance
bemüht sein to endeavor
Bemühung *(f)* effort
(sich) benehmen to act, to behave
Berufsschule *(f)* vocational or industrial school
beschlagen well-versed
beschränkt limited
beseitigen to remove
besessen possessed
besiedeln to colonize, settle
bestehen to consist
Bestimmung *(f)* determination
bestreiten to argue
Betäubung *(f)* anesthetic
Betrieb *(m)* company, firm
Beutegier *(f)* greed for booty
bevölkert populated
bewahren to keep up
Beweis *(m)* proof
bezeugen witness, testify to

bewaldet wooded
Beziehungen (pl) relations
Bildhauer (m) sculptor
Bildungshunger (m) craving for education
Bildungsplanung (f) educational planning
(ins) Blaue into the wild blue yonder
Brennpunkt (m) focus
Brezel (f) pretzel
Broschüre (f) brochure
Brötchen (n) hard roll
Buchdruck (m) book printing
Bücherei (f) library
Bühnenwirkung (f) stage effect
Bundesbahn (f) Federal Railways
Bundesgesetz (n) federal law
Bundeshauptstadt (f) federal capital
Bundeskanzler (m) federal chancellor
Bundesland (n) federal state
Bundesminister (m) federal minister
Bundespräsident (m) federal president
Bundesrepublik (f) Federal Republic
Bündnissystem (n) alliance
Bürger (m) citizen
Bürgerkrieg (m) civil war
Bürgertum (n) middle class

C

Chemikalien (pl) chemicals
Chirurg (m) surgeon
Christliche Demokraten (pl) Christian Democrats

D

Dänemark (n) Denmark
Darlehen (n) loan
darstellen to represent, depict
Dasein (n) existence
Denkmal (n) monument
Dienst (m) service
Dom (m) cathedral
Drahtzieherei (f) wire drawing workshop
(sich) durchsetzen to prevail, succeed
Düsenflugzeug (n) jet plane

E

Edelleute (pl) noblemen
Ehefrau (f) wife
Ehemann (m) husband
eher rather
Eigenart (f) characteristic
Eierspeise (f) dish made from eggs
einbauen to integrate
einbringen to yield
eindringen to penetrate
einfach simple
Eingreifen (n) intervention
Eingriff (m) intervention
einreihen to classify
Einrichtung (f) institution
einschlagen here: to enter
einschliesslich including
einst once
einstellen here: to discontinue
einstimmig homophonic
Eintrittspreis (m) price of admission
Einwohner (m) inhabitant
Einzelstaat (m) individual state
elektronisch electronic

emporragen to rise up, stand out
endgültig final
Enkel (m) grandson
entlassen to dismiss
entmilitarisiert demilitarized
entsprechen to compare with
enttäuschen to disappoint
Entwicklung (f) growth; development
Entwicklungshilfe (f) development aid
ereignislos uneventful
erfinden to invent
erfolglos unsuccessful
sich ergeben to result
ergebnislos without result
erhalten to preserve
erheben to raise
Erholung (f) recreation
Erklärung (f) declaration
Ermächtigungsgesetz (n) law giving complete power
ermitteln to discover
Ermordung (f) assassination
Errichtung (f) establishment
Errungenschaft (f) achievement
Erscheinung (f) appearance, phenomenon
erschöpfen to exhaust
Erschöpfung (f) exhaustion
ersetzen to replace
Ersparnisse (pl) savings
erstrebenswert worth striving for
(sich) erstrecken to extend
ertrinken to drown
Erwerb (m) acquisition
erwerben to acquire
erzieherisch educational

Erziehungssystem (n) educational system
erzielen to attain, secure
Europäisierung (f) Europeanization
Evangelium (n) the Gospel

F

Fabel (f) fable
Fachzeitschrift (f) special magazine
Fahrrad- und Wanderwege (pl) bicycle and hiking lanes
Fahrzeugmotor (m) vehicle motor
Fasching (m) carnival
Fastnacht (f) carnival
fehlschlagen to fail
Feindseligkeit (f) hostility
Feldherr (m) general
Fernsehen (n) television
Fernseh-Serie (f) TV series
Fernseh-Gebühr (f) charges for TV use
Fertigprodukt (n) finished product
festhalten to cling
festlegen to formalize
feststellen to realize
Festung (f) fortress
Festungshaft (f) confinement in a fortress
Flüchtling (m) refugee
Flughafen (m) airport
fördern to promote
Formalität (f) formality
formell formal
fortgeschritten progressive

Fortschritt *(m)* progress
Frankreich *(n)* France
Freigehege *(n)* open space for
wild animals in zoo
freiwillig voluntary
Freizeit *(f)* leisure time
Friedenspreis *(m)* peace prize
Friedensvertrag *(m)* peace
treaty
Frühgeschichte *(f)* early history
Fülle *(f)* abundance
fungieren to function, officiate
Fussball *(m)* soccer
Fussgängerstrasse
(f) pedestrian walkway

G

Gastarbeiter *(m)* foreign worker
Gastdirigent *(m)* guest
conductor
Gaststätte *(f)* inn
Gebeine *(pl)* remains, relics
Gebet *(n)* prayer
Gebiet *(n)* area
Geburtszahl *(f)* birth rate
gedrungen square-built
Gegenreformation *(f)* Counter-
Reformation
gegnerisch hostile
Geist *(m)* here: spook, ghost
Geistesleben *(n)* cultural life
Geistliche *(m)* *(f)* clergyman
gelangen to arrive
gelten to be valid, be counted for
Gemeinsamer Markt
(m) Common Market
gemeinsam haben to have in
common
Gemeinschaftsprogramm
(n) combined program
gemischt mixed

Gemütlichkeit *(f)* congeniality
genehm suitable
Generalstab *(m)* General Staff
Genossenschaft *(f)* cooperative
society
genügen to suffice
Gerät *(n)* tool
Gesamtfläche *(f)* total area
Gesamtgebiet *(n)* total area
Gesamtkunstwerk *(n)* total
work of art
Gesamtschule *(f)*
"comprehensive school"
geschäftig busy
Geschick *(n)* fate, destiny
Geschwindigkeitsgrenze
(f) speed limit
Gesellschaftsroman *(m)* novel
dealing with social problems
gesperrt off limits
gewachsen sein to be a match
for
Gewaltaktion *(f)* action by
force
glanzvoll colorful
Gleichgewicht *(n)* balance (of
power)
Gleichheit *(f)* equality
Gleichwertigkeit *(f)* equivalence
Glut *(f)* glowing fire, ardor
Grafschaft *(f)* earldom
Grenzlinie *(f)* borderline
grossartig imposing, grandiose
gross geschrieben werden to
be preferred
Grosstadt *(f)* big city
Grundgesetz *(n)* Basic Law
Grundrecht *(n)* fundamental
right
Grundschule *(f)* primary school
Gütezeichen *(n)* mark of quality
Gymnasium *(n)* secondary
school

H

Haarschnitt *(m)* haircut
Hacken *(pl)* heels
Haltung *(f)* attitude
Handelsaustausch *(m)* exchange of goods
Handelsstadt *(f)* city of commerce
Handwerker *(m)* artisan
Hansebund *(m)* League of Hansa cities
Harnstoff *(m)* urea
Hauptbestandteil *(m)* main ingredient
Hauptprodukt *(n)* main product
Hauptprogramm *(n)* major program
Hauptschule *(f)* secondary school
Hauptstadt *(f)* capital
Haushalt *(m)* household
Hautcreme *(f)* skin cream
Heideland *(n)* heath
Heilkunde *(f)* therapeutics
heimlich secret
heiter merry
Herabsetzung *(f)* reduction
Herkunft *(f)* descent
herrschen here: to exist
Herrscher *(m)* ruler
hervortreten to come to the fore
Herzland *(n)* heart land
Herzog *(m)* duke
Herzogtum *(n)* dukedom
Hindernis *(n)* impediment
hineinpassen to fit in
Hinsicht *(f)* respect
Hirn *(n)* brain
H-moll *(n)* B minor
hochbegabt greatly talented
Hochdeutsch *(n)* High German
hochgeachtet highly respected
Hochschule *(f)* academy, college

Hochzeitsfeier *(f)* wedding celebration
Hof *(m)* court
Höhle *(f)* cave
Holzschnitzer *(m)* wood carver
Hosen *(pl)* long pants

I

Illustrierung *(f)* illustration
Industriebezirk *(m)* industrial district
industriell industrial

J

Jagen *(n)* hunting
Jude *(m)* Jew

K

Kaiser *(m)* emperor
Kaisertitel *(m)* title of emperor
Kapazität *(f)* capacity
Kapellmeister *(m)* concertmaster
Karneval *(m)* carnival
Katechismus *(m)* catechism
Katholik *(m)* Catholic
Kaufleute *(pl)* merchants
Kernzelle *(f)* nucleus
Kinderkreuzzug *(m)* children's crusade
Kino *(n)* movie theater
Klangschönheit *(f)* beauty of sound
Kleidung *(f)* clothing
Kleinbauernhof *(m)* small farm
Kleinstadt *(f)* small town
klingen to sound
Klima *(n)* climate
Klischee *(n)* stereotype

Kloster *(n)* cloister, monastery
Kochbuch *(n)* cookbook
komisch curious
konserviert canned
Kontrapunktik *(f)* art of counterpoint
Konzentrationslager *(n)* concentration camp
kraftvoll powerful
Krankenversicherung *(f)* health insurance
Kreis *(m)* circle
Kreuzfahrer *(m)* crusader
Kreuzzug *(m)* crusade
Kriegsschauplatz *(m)* theater of war
Krise *(f)* crisis
krönen to crown
Krug *(m)* pitcher, jug
kühn bold
Kunstanschauung *(f)* perception of art
Kunstgewerbe *(n)* arts and crafts
Kupferstich *(m)* copper engraving
kürzlich recently

L

Labormuster *(n)* laboratory sample
Lametta *(n)* tinsel
Landstrasse *(f)* highway
Landverbindung *(f)* connection by land
Landwirtschaft *(f)* agriculture
langgestreckt elongated
(sich) langweilen to be bored
Lebensart *(f)* way of life
Lebensform *(f)* way of life
Lebenshaltungskosten *(pl)* cost of living

Lebensmittel *(pl)* groceries
Lebensunterhalt *(m)* livelihood
Lederhosen *(pl)* leather pants
Lehrplan *(m)* curriculum
Lehrstück *(n)* doctrine
Leibesübungen machen exercise
Leichtigkeit *(f)* ease, lightness
Leiden *(n)* suffering
leidenschaftlich passionate
Lektion *(f)* lesson
Lexikon *(n)* encyclopedia
Lieblingsautor *(m)* favorite author
liefern to supply, furnish
Liga *(f)* league
locken to allure
Loslösung *(f)* disengagement
Lücke *(f)* gap
Luftbrücke *(f)* air lift
Luftpumpe *(f)* pneumatic pump
Lustspiel *(n)* comedy

M

Machtanspruch *(m)* claim for power
Machtbereich *(m)* sphere of influence
Machtübernahme *(f)* seizure of power
Machtzentrum *(n)* center of power
Mädchenname *(m)* girl's name
Mahlzeit *(f)* meal
Mangel *(m)* lack
Mannigfaltigkeit *(f)* variety
Mannschaft *(f)* team
Marine *(f)* navy
Marmelade *(f)* jam
Marmorsarg *(m)* marble vault
Mass *(n)* degree

Mässigungspolitik *(f)* politics of moderation
Massnahme *(f)* measure
Medizinschrank *(m)* medicine cabinet
Mehrzahl *(f)* majority
mehrstimmig polyphonic
Meisterschaft *(f)* championship
Messe *(f)* trade fair
Militärdienst *(m)* military service
militärisch military
Militärtype *(f)* military type
Ministerpräsident *(m)* prime minister
Minnesänger *(m)* troubadour
Misstand *(m)* grievance
misstrauisch suspicious
Mitgliedschaft *(f)* membership
Mittelalter *(n)* the Middle Ages
Mittelgebirgszone *(f)* Midland Hill Region
Mittelmeer *(n)* Mediterranean Sea
Mittelstand *(m)* middle class
Mode *(f)* fashion
Mönch *(m)* monk
Moorland *(n)* marshy land
Mündung *(f)* mouth (of a river)
Münster *(n)* cathedral

N

Nabel *(m)* navel
Nachahmer *(m)* imitator
Nachbarschaft *(f)* neighborhood
Nachrichten *(pl)* news
Näharbeiten machen do home sewing
Nahrung *(f)* food
Naturschönheit *(f)* scenic beauty

Naturwissenschaft *(f)* natural science
Neutralitätspakt *(m)* neutrality pact
Niederlage *(f)* defeat
Nonne *(f)* nun
Notizbuch *(n)* notebook
Notverordnung *(f)* emergency law

O

Oberhoheit *(f)* supreme rule
öffentliche Meinung *(f)* public opinion
Oper *(f)* opera
Orchester *(n)* orchestra
Orden *(m)* order
Orientierung *(f)* orientation
Ostblockländer *(pl)* countries belonging to the Eastern block
Österreich *(n)* Austria

P

(in) Paaren together
Parfüm *(n)* perfume
Pfefferminz *(n)* peppermint
Pferderennen *(n)* horse races
pflichteifrig zealous
Politiker *(m)* politician
Polstermöbel *(pl)* upholstered furniture
Porzellan *(n)* china
Profanbau *(m)* secular building
Provinz *(f)* province
(in) Prozenten percentagewise
Puddingpulver *(n)* powdered pudding mix
Pünktlichkeit *(f)* punctuality
Putsch *(m)* insurrection

Q

Quadratkilometer *(m)* appr. 0.385 square miles

R

Radierung *(f)* etching
Raketenforschung *(f)* rocket research
reagieren to react
Realschule *(f)* intermediate school
Rechenmaschine *(f)* calculating machine
Rechtsanwalt *(m)* lawyer
Rechtsgleichheit *(f)* equality in the eyes of the law
Regierungsbildung *(f)* formation of a cabinet
Regierungsgewalt *(f)* governmental power
Regierungssystem *(n)* governmental system
Reichsaussenminister *(m)* Foreign Secretary of the Reich
Reichsgebiet *(n)* territory belonging to the Reich
Reichshauptstadt *(f)* capital of the Reich
Reichskanzler *(m)* chancellor of the Reich
Reichszerfall *(m)* disintegration of the Reich
Reife *(f)* maturity
Reiter *(m)* horseman
reizvoll charming
Reklame *(f)* advertising
Reparationskosten *(pl)* reparations
revanchelüstern bent on revenge
Richtung *(f)* direction

Ritter *(m)* knight
Ritterschaft *(f)* knights
Röntgenstrahlen *(pl)* X-rays
Rohstoffe *(pl)* raw materials
Romancier *(m)* writer of novels
Romzug *(m)* expedition to Rome
Ruf *(m)* reputation
Rundbogen *(m)* round arch
Rundtour *(f)* round trip

S

Sachlichkeit *(f)* objectivity
Sackgasse *(f)* dead-end street
Sauerstoff *(m)* oxygen
Säulenhalle *(f)* portico
Säure *(f)* acid
Schandmauer *(f)* wall of shame
Schattenfigur *(f)* figurehead
Schauplatz *(m)* showcase
Schicht *(f)* class
Schicksal *(n)* fate, destiny
Schiefergebirge *(n)* slate mountains
Schiesspulver *(n)* gun powder
Schirm *(m)* umbrella
Schlittschuh laufen to ice-skate
Schloss *(n)* castle
Schöpfer *(m)* creator
Schöpfung *(f)* creation
Schornsteinfeger *(m)* chimney sweep
Schrein *(m)* shrine
Schriftsteller *(m)* author
Schuhwichse *(f)* shoe polish
schütteln to shake
Schwanengesang *(m)* swan song
Schwank *(m)* farce
Schwarzbrot *(n)* rye bread
Schwarzwald *(m)* Black Forest
Schwerindustrie *(f)* heavy industry

schwungvoll spirited
Segeln (n) sailing, yachting
(sich) sehnen to long, yearn
sein für to be in favor of
seitdem since
Seitenstrasse (f) side street
Sekt (m) champagne
selbst-erklärt self-styled
Selbstmord begehen commit
   suicide
Selbständigkeit
   (f) independence
Sendergruppe (f) group of
   stations
Sexualaufklärungs-Film
   (m) sex education film
sichern to secure
Siedlung (f) settlement
siegreich victorious
Silberverbindung
   (f) compound of silver
Singspiel (n) light opera
sogenannt so-called
Sondergotik (f) special Gothic
   style
sonst noch besides
Sozialdemokrat (m) Social
   Democrat
Spannung (f) tension
Sparkonto (n) savings account
Spätling (m) latecomer
speichern to store
Spezialität (f) specialty
Spielplan (m) repertoire
Spionagefall (m) case of
   espionage
Sportart (f) kind of sport
sprengen to burst open
Staatsoberhaupt (n) head of
   state
Stadtstaat (m) city-state
Stamm (m) tribe
Stand (m) class
Stärkung (f) strengthening

Statistik (f) statistics
Stätte (f) place
Steckenpferd (n) hobby
Steinmetz (m) stone mason
stellen to provide
Stiefel (m) boot
Stifterfigur (f) figure portraying
   a founder or donor
stören to disturb
Störung (f) disorder
Strassenbahn (f) streetcar
Streichquartett (n) string
   quartet
Streitschrift (f) polemical
   treatise
(zu) Studienzwecken for study
   purposes
Sturm und Drang (m) storm
   and stress; a period in
   literature
Sturz (m) fall
stürzen to overthrow
subventionieren to subsidize
Sündenablass (m) sale of
   indulgences

T

Tageszeitung (f) daily paper
Tankstelle (f) filling station
Tatsache (f) matter of fact
teilweise in part
Theaterstück (n) theatrical play
Thronbesteigung
   (f) ascendancy to the throne
Thronfolger (m) heir to the
   throne
Tiefland (n) lowlands
trauern to mourn
Trennung (f) separation
Trennungslinie (f) line of
   separation
tributpflichtig tributary
Triptyk (n) triptych

U

U-Bahn *(f)* underground railway, subway
Übergang *(m)* transition
überirdisch supernatural
überleben to survive
Übermensch *(m)* superman
von Übersee from overseas
Übersetzung *(f)* translation
Übersicht *(f)* summary
Überstunden machen to work overtime
übertragen to transfer
Übertreibung *(f)* exaggeration
üblich customary
umbenennen rename
Umfrage *(f)* poll
Umgebung *(f)* surroundings
umrahmen to frame
Umstand *(m)* fact
unbehelligt undisturbed
unerschöpflich inexhaustible
Unfall *(m)* accident
ungeahnt unthought-of
ungefähr about
ungewöhnlich unusual
unheilbare Taubheit *(f)* incurable deafness
Unrast *(f)* restlessness
unsterblich immortal
unstillbar insatiable
Unteilbarkeit *(f)* indivisibility
Unterdrückung *(f)* suppression
unterliegen to succumb
unterscheiden to differentiate
Unterschied *(m)* difference
Unterstützung *(f)* support
unterzeichnen to sign
unvergänglich everlasting
Ursprung *(m)* source, origin

V

(sich) verbeugen to make a bow
Verbindung *(f)* connection
Verbitterung *(f)* bitterness
verbringen to spend
verehren to honor
Vereinheitlichung *(f)* unification
vereinigen to unify
Vereinigung *(f)* unification
vererblich hereditary
Vererbungstheorie *(f)* theory of heredity
Verfall *(m)* decline
Verfassung *(f)* constitution
vergeistigt spiritualized
vergleichen to reconcile; compare
(sich) vergnügen to amuse oneself
verhaften to arrest
Verhandlung *(f)* negotiation
verheerend disastrous
Verhör *(n)* interrogation
verinnerlicht introspective
verkünden to proclaim, preach
verlangen to demand
Verlauf *(m)* course
verleihen to award
vermindern to reduce
Vermittler *(m)* mediator
vermutlich supposedly
verpassen to miss
verpflichten to oblige
Verpflichtung *(f)* obligation
verschlechtern to deteriorate
verschonen to spare
verschreiben to sign away, sell
verschwommen muddy

Versöhnung *(f)* reconciliation

Versroman *(m)* novel written in verse

Verteidigung *(f)* defense

vertonen to set to music

Vertretung *(f)* mission, representation

verwickeln to involve

Viehherde *(f)* herd of cattle

vielfach in many respects

Völkerbund *(m)* League of Nations

Völkerfamilie *(f)* family of peoples

Völkerwanderung *(f)* mass migration

Volksabstimmung *(f)* plebiscite

Volkseinkommen *(n)* per capita income

Volksfest *(n)* folk festival

Volkstracht *(f)* folk costume

Volksvertretung *(f)* representation of the people

vollbringen to execute, pattern, example

Voraussetzung *(f)* prerequisite

vorbereiten to prepare

Vorbild *(n)* pattern, example

vordringen to advance, penetrate

Vorfahr *(m)* ancestor

vorherig preceding

Vorherrschaft *(f)* predominance

Vorkämpfer *(m)* champion

Vorläufer *(m)* predecessor

Vorreformator *(m)* predecessor of the reformers

vorziehen to prefer

W

Wahlheimat *(f)* residence of one's choice

Wahrzeichen *(n)* symbol

Walzer *(m)* waltz

wandeln to change

Wandergeselle *(m)* journeyman

Wehrmacht *(f)* armed forces

Weidegründe *(pl)* pastures

Weinbau *(m)* wine-growing

weiterbestehen to continue to exist

weiterführen to carry on

Welle *(f)* wave

weltberühmt world famous

Weltbürgertum *(n)* cosmopolitanism

Weltgeltung *(f)* world recognition

Welthandel *(m)* world trade

Weltliteratur *(f)* world literature

Weltmacht *(f)* world power

Weltruf *(m)* world renown

Weltwirtschaftskrise *(f)* economic world crisis

Wesen *(n)* here: character

Westmächte *(pl)* Western Powers

Wetterbericht *(m)* weather report

Wetterleuchten *(n)* sheet lightning

widerrufen to retract

widersetzen to oppose

widerspruchsvoll contradictory

wiederauferstehen to resurrect

Wiedervereinigung *(f)* reunification

Wildwest-Film *(m)* Western movie

wirken be active

wirksam effective, active
Wirtschaftsgemeinschaft
  (f) economic community
Wirtschaftskrise *(f)* economic
  crisis
Wirtschaftswunder
  (n) economic miracle
Wissenschaft *(f)* science
Wochenmarkt *(m)* weekly
  market
Wohlstand *(m)* prosperity
(am) wohlsten the most
  comfortable
Wunderarzt *(m)* miracle doctor
Wunderkind *(n)* child prodigy

Z

zählen (zu) to count (among)
Zankapfel *(m)* bone of
  contention
Zauberflöte *(f)* magic flute
Zeichner *(m)* draftsman
Zeitgenosse *(m)* contemporary

zerfallen to disintegrate, fall
  apart
Zerrissenheit *(f)* fragmentation
zersplittern to split up
Zerstörung *(f)* destruction
Zeuge *(m)* witness
zierlich graceful
Zimmermann *(m)* carpenter
Zufahrt *(f)* access
Zug *(m)* mark
zugunsten for the benefit of
zumeist mostly
zunehmen to increase
Zunft *(f)* guild
zurückhaltend reserved,
  cautious
zusammenbrechen to collapse
Zustimmung *(f)* consent
Zwang *(m)* constraint
zweckentsprechend suitable
Zweckmässigkeit
  (f) functionalism
zweigeteilt divided in two
Zwischenzeit *(f)* meantime
Zylinder *(m)* black top hat

NTC GERMAN READING MATERIALS

Graded Readers and Audiocassettes
Beginner's German Reader
Lustige Dialoge
Lustige Geschichten
Spannende Geschichten

Humor in German
German à la Cartoon
Das Max und Moritz Buch

German Folklore and Tales
Von Weisen und Narren
Von Helden und Schelmen
Münchhausen Ohnegleichen
Es war einmal

Jochen und seine Bande Series
Abenteur in Hinterwalden
Mit Thespis zum Süden

Comic Mysteries
Die Jagd nach dem Familienerbe
Das Geheimnis im Elbtunnel
Hoch in den Alpen
Innsbrucker Skiabenteuer

Plays and Comedies
Zwei Komödien
Ein Hotel namens Europa
Gehen wir ins Theater!

Real-Life Readings
Perspektive aus Deutschland
Deutsches Allerlei
Direct from Germany

Contemporary Life and Culture
Der Spiegel: Aktuelle Themen in der
    Bundesrepublik Deutschland (Package
    of book plus 3 audiocassettes)
Deutschland: Ein neuer Anfang
Unterredungen aus Deutschland
Briefe aus Deutschland
Briefe über den Ozean
Kulturelle Begegnungen
Amerikaner aus Deutschland

Contemporary Culture—in English
German Sign Language
Life in a West German Town
Life in an Austrian Town
Focus on Europe Series
    Germany: Its People and Culture
    Switzerland: Its People and Culture
    Austria: Its People and Culture
Let's Learn about Germany
Getting to Know Germany
Weihnacht
Christmas in Germany

For further information or a current catalog, write:
National Textbook Company
a division of *NTC Publishing Group*
4255 West Touhy Avenue
Lincolnwood, Illinois 60646-1975 U.S.A.